融合幼儿园
教育戏剧的理论与实践指南

王琳琳　著

重庆大学出版社

图书在版编目(CIP)数据

融合幼儿园教育戏剧的理论与实践指南／王琳琳著
. -- 重庆：重庆大学出版社，2022.7
（特殊儿童教育康复指导手册）
ISBN 978-7-5689-3330-8

Ⅰ.①融… Ⅱ.①王… Ⅲ.①戏剧教育—儿童教育—
特殊教育—教学研究 Ⅳ.①G764

中国版本图书馆CIP数据核字(2022)第113805号

RONGHE YOU'ERYUAN JIAOYU XIJU DE LILUN YU SHIJIAN ZHINAN
融合幼儿园教育戏剧的理论与实践指南
王琳琳 著
策划编辑 陈 曦
责任编辑:陈 曦　版式设计:陈 曦
责任校对:王 倩　责任印制:张 策
*
重庆大学出版社出版发行
出版人:饶帮华
社址:重庆市沙坪坝区大学城西路21号
邮编:401331
电话:(023)88617190　88617185(中小学)
传真:(023)88617186　88617166
网址:http://www.cqup.com.cn
邮箱:fxk@cqup.com.cn（营销中心）
重庆华林天美印务有限公司印刷
*
开本:787mm×1092mm　1/16　印张:10.25　字数:198千
2022年7月第1版　2022年7月第1次印刷
ISBN 978-7-5689-3330-8　定价:48.00元

前　言

伴随着融合教育的发展,将特殊幼儿安置在融合幼儿园的方式已成为学前教育领域的世界性潮流。如何实现在幼儿园当下的课程与教学体系中的普特幼儿的高质量融合,是学前融合专业人员长期困惑的根本问题与孜孜不倦追寻的最终目标。教育戏剧对儿童的工具性知识、个人与群体的学习、表达观念、美感学习等方面的优势,是其他任何干预方式所无法比拟的,它通过趣味性的游戏与即兴扮演来帮助参与者更好地表达自我、认识他人、更有效地与他人互动交流,可以促进参与者之间合作、接纳、发展社交技巧、建立人际关系,是学前融合教育领域实施普特幼儿融合教育最自然的一种教育方式,也是当前幼儿园在积极探索与实践的一门重要课程。

本书介绍了在学前融合教育背景下促进普通幼儿与特殊幼儿融合的教育戏剧本土化实践路径,阐明了教育戏剧在学前教育领域开展的理论基础,分析了教育戏剧与幼儿园五大领域整合式教学实践方法,有助于幼儿园教师全面掌握教育戏剧的理论与实践知识,增加学前融合课程与教学的多元化与通用性,积极应对普特幼儿在融合教育过程中出现的教学与课程设置的瓶颈,解决普特幼儿在融合过程中的心理冲突与同伴交往问题等,有助于提升学前融合教育质量,让所有幼儿共享自由、快乐的童年。

本书内容由两个部分构成:第一大部分是教育戏剧的概述,包括教育戏剧的基本概念、与学前融合教育的关系、教育戏剧的发展历程,以及教育戏剧的教学策略与模式,以此帮助教师全面掌握教育戏剧的基础性知识。第二大部分是教育戏剧在融合幼儿园的本土化实践,包括幼儿园教育戏剧融合课程实施的理论基础、教育戏剧课程的教学组织、实践模式以及活动案例等,每一个部分均有已在融合幼儿园中经过实践证明的优秀案例,帮助教师明确戏剧如何融入课程、五大领域、主题教学的实践策略与模式。

本书得以出版,首先要感谢我的博士生导师北京师范大学特殊教育研究所邓猛教授(现任职于华东师范大学融合教育研究院),是邓老师的指导和鼓励,才让我有信心探索教育戏剧在融合幼儿园中的应用,感受教育戏剧在学前融合教育中的魅力,也更加理解"让教育戏剧为特殊儿童的教育注入鲜活的力量"的真实内涵。其次要感谢福建省厦门市新阳幼儿园上官敏园长、幸福之家融合幼儿园刘树芹园长为本书案例的搜集和整理付出的辛勤劳动。因一切还在学习和探索中,且笔者水平有限,书中不当之处在所难免,恳请各位专家与广大读者批评指正。

王琳琳

目　录

第一章
教育戏剧概述

在戏剧发展史上，戏剧与美术、音乐具有同等地位。从古希腊的亚里士多德到英国的莎士比亚、法国的莫里哀、俄国的契诃夫，再到爱尔兰的萧伯纳等，西方戏剧在两千多年的历史长河中，不仅是艺术殿堂中一颗熠熠生辉的明珠，还对西方教育领域产生了深远影响，一直被用作教育的有效方式。由此，教育戏剧应运而生。

教育戏剧主要是指运用戏剧技巧从事教育的一个课程门类和方式，它在实施中以人的活动天性为依据，在教师有计划的指导下，采用创作性戏剧、即兴表演、角色扮演、肢体模仿、观察、游戏等方法，引导参与者在互动中发挥想象，表达思想，在行动中感悟生活的本质。教育戏剧的实施提倡个性与游戏、关注参与与合作、注重体验与创造、主张批判与自我决定，其目的不在于参与者表演技能的获得，而在于引导参与者通过戏剧的构建和发展，促进其知识与人格的双重发展，与我们当前学校的教育理念相契合。因此，近年来，教育戏剧作为一门知识与人文素养整合的课程，已成为我国学校教育课程体系的重要组成部分。

第一节　戏剧与教育

戏剧是人类社会生产生活中的一种独特的行为方式和艺术形式，它模拟生活，表现生活。戏剧以其独特的游戏性、趣味性和探索性，加上儿童思维发展中的想象性和泛灵性特征，让儿童与戏剧之间具有了一种天然的密切联系，也让戏剧在儿童的世界中演化出更丰富的内涵和更多元的实践方式，因此，戏剧被誉为"与儿童的精神世界最为契合的一种综合性艺术"。戏剧通过象征性表演，不仅可以激发儿童的自发性学习兴趣，还能使戏剧与教育的关系得以不断拉近，让戏剧本身所固有的教育属性尤为显著。

> 　一、戏剧的魅力

人类为了丰富和诗化精神世界，进行了各种各样的文化创造，而戏剧就是人类文化创造的宝贵成果之一。它集文学、音乐、舞蹈、美术、雕塑等多元艺术形式为一体，汇聚了话剧、歌剧、舞剧、音乐剧、戏曲、哑剧、木偶戏等多种表演形式。在所有的艺术门类里,戏剧是离人最近的艺术,是一个国家或民族文化发展水平的风向标。正如黑格尔所言:"戏剧无论是在内容上还是在形式上都要形成最完美的整体,所以应该看作诗乃至一般艺术的最高层。"①

(一)戏剧是集众多艺术于一体的综合性艺术

在古希腊,通常将艺术分为五类:音乐、绘画、雕塑、建筑与诗。虽然亚里士多德将戏剧归入"诗"的范畴,但戏剧自诞生之日起便具备了融合一切艺术形式的优越性。它可以兼有诗和音乐等时间艺术的特性,也兼有绘画、雕塑、建筑等空间艺术的特性,它拥有时空的双重属性。这种综合性并非简单的组合与拼凑,而是创造性地构想、组织、协调、综合戏剧演出的诸多因素,这种综合性是各种艺术手段的有机统一②。在戏剧中,诗不再是文学领域中的诗,而是立体的、跃然纸上的诗;音乐变成色彩斑斓、映入眼帘的音乐。舞台上的一出戏也可称为"能言的绘画""生动的浮雕"③。正如歌德所言:

> 你像个国王,安闲自在地坐在那里,让一切在你眼前掠过,让心灵与感官都获得享受,心满意足,那里有的是诗,是绘画,是歌唱和音乐,是表演艺术,而且还不止这些!这些艺术和青年美貌的魔力都集中在一个晚上,高度协调合作来发挥效力,这就是一场无与伦比的盛宴啊④!

(二)戏剧是在场呈现的不可复制性艺术

现代戏剧的代表人物彼得·布鲁克认为:"戏剧是一个概括全面的通用词汇,它将红色帷幕、舞台灯光、无韵诗句、笑声、黑暗通通胡乱地加在一起成为一个混杂概念。"⑤简单而言,戏剧是一种媒介,一种文化,是文学、音乐、美术、剧作、演员等"合力"在场呈现的艺术,它可以使人生从有限的现实物质世界和具体时代中超脱而出,追求一种更无限的、更有意味的、更具永恒性和神圣感的精神世界。马丁·艾思林将戏剧比喻为手抄版书籍,将电影、电视视作原本书籍的印刷本,这体现了前者为"原创",后者为"复制"的特征。其中这难以复制的内容正是戏剧最重要的"独门秘诀":栩栩如生的演员创作出了可直接与观众进行双向交流的表演,这样的表演具有即时性,是一

① 黑格尔.美学[M].朱光潜,译.北京:商务印书馆,2017:240.
② 郭红辉.爱与爱的叙述[D].桂林:广西师范大学,2006:7.
③ 董建,马俊山.戏剧艺术十五讲(修订版)[M].北京:北京大学出版社,2012:18.
④ 爱克曼.歌德谈话录[M].朱光潜,译.北京:人民文学出版社,1982:67.
⑤ 顾春芳.戏剧学导论[M].北京:北京大学出版社,2014:142.

次性且难以复制的①。下一次演出，由于环境、氛围及演员自身条件的变化，又会呈现不同的戏剧效果。正是这样的难以复制性，才让每一次戏剧演出都变得难能可贵②。

（三）戏剧是动作的艺术

亚里士多德在《诗学》中指出："戏剧是对人物行动的模仿，剧情应尽可能付诸行动……同时借行动中的人将思想、情感、意义等演示给观众。"③正如美国戏剧家乔治·贝克所说："戏剧艺术的中心是'动作'，它是激起观众情感最迅速的手段……在所有行为，即动作、性格描写、对话三者之中，哪一样最能引起观众的兴趣呢？历史无可置辩地表明：戏剧从一开始，无论何时何地，极其依靠动作。"④中国古典戏曲中的做、念、唱、打四种手段，也是程式化的外部动作样式。在戏剧中，言语动作表现为台词，这是戏剧艺术最重要的手段，包含了剧本和演出中的对话、独白和旁白。说话也是一种外部动作形式，戏剧语言本就包含动作性。除了外部动作，还有心理动作层面的内部动作，即"静止动作"，或曰"停顿"。停顿蕴含激烈复杂的内心冲突，是人物内心丰富、情感饱满的呈现方式之一。观众也可在停顿和静默中充分领略角色的心理体验和思想内涵。身体之"形"动而精神之"神"未动，是表演中所展现的外部动作；精神之"神"动而外部肢体动作的"形"尚未动，称为戏剧表演的内部动作。

总之，戏剧能赋予精神以清冽的感受，使因繁杂枯燥的生活而凋零霉变的心灵为之神清气爽，因为戏剧能以无与伦比的大悲苦与大欢乐，使我们那已板结的热血沸腾起来，从而在我们面前打开了一个焕然一新的、无限美妙的世界⑤。

＞　二、戏剧的特征

戏剧起源于希腊文 drainein "去做"之意，将其解释为：以诗或是散文等为基础，其中通过动作与演员之间的对话去模拟一段人生或故事。从字义来看，戏剧就是一种"实作"的过程，需要有"人"去完成。戏剧性的实作必须符合戏剧的条件，即通过多种艺术的综合去模拟某一段故事⑥。不同时期的戏剧家们会根据当时戏剧的发展特点，以及自己对戏剧的理解，对戏剧做出不同的解释。例如，雨果认为戏剧是一面集中焦

① 刘嘉新.挪用促动新生——对电影中加入戏剧舞台表演的设想[J].河北科技师范学院学报：社会科学版，2006(1)：95-97,116.

② 董建，马俊山.戏剧艺术十五讲(修订版)[M].北京：北京大学出版社，2012:23.

③ 亚里士多德.诗学[M].陈中梅，译.北京：商务印书局，1996:49.

④ 余秋雨.戏剧理论史稿[M].上海：上海文艺出版社，1983:578.

⑤ 宋剑华.百年中国话剧历史兴衰的再度思考——驳陈军先生的论断[J].福建论坛：人文社会科学版，2007(1)：84-88.

⑥ 张晓华.教育戏剧理论与发展[M].新北：心理出版社，2004:3.

点的镜子,而英国诗人柯勒律治认为戏剧是对自然的模仿,荒诞派戏剧家尤内斯库则认为戏剧是舞台形象的动态的建筑结果等。

虽然学者并未对戏剧的界定达成一致,但戏剧具有六个最基本的特征是稳定不变的。

（一）假定性

戏剧是讲述在虚构情境中发生的事件。戏剧中的艺术形象并非对生活场景中各类自然事物的刻板性复制,戏剧艺术并不要求把戏剧作品等同于现实,在演员与观众之间有一种戏剧的约定俗成的"契约精神"。这种契约精神正是假定性在艺术表现形式中的体现。正是在这真真假假、以假乱真的戏剧情节中,由演员淋漓尽致地诠释戏剧角色;在真实与虚幻之间,引导社会大众品读人生,感受命运①。假定性无论在戏剧的剧本创作、舞台表演,还是在观众对戏剧内涵的意义阐释中,其特征均无处不在。

（二）情境性

艺术的重要价值在于,通过艺术作品刻画意蕴浓厚的、能够激发人兴趣的意义情境。戏剧作为综合艺术形式的结合体,在引入意义情境方面具有天然的优势。戏剧的主题、思想、情感、意蕴等均可以通过不同的艺术情境形式表达出来。戏剧的情境性可以将剧中人物形象与矛盾冲突联系在一起,通过情境更好地展现戏剧的主题思想②。

（三）群体性

从戏剧的起源来看,方芳认为,戏剧的起源无论是神秘且神圣的"巫术说",还是粗犷且英勇的人类扮兽猎兽活动,都存在一个统一性的特征:戏剧是在群体活动中,由众人合作为完成一个共同的目标而参与直至结束的活动。虽然戏剧的起源是与远古时期人类恶劣的生存环境密切相关的,但也正是这样的环境塑造了人类群体而动、群体而居的生活特性。时至今日的戏剧表演中,这一群体性特点仍是戏剧表演的重要属性③。从艺术的创作流程上来看,在场外,戏剧是包括编剧、导演、演员、作曲、布景、服装、灯光与音效等多方面的艺术人才,在剧场里进行,并由观众欣赏或参与的集体性创作;在舞台上,戏剧是多名演员之间相互合作共同构建情节的艺术④。

（四）结构性

戏剧的结构通常是依照剧中人物的行为表现过程的排列顺序所组合而成。戏剧是在表现动作中的人,动作不仅指身体动作,还包括思想与外在行为的心理动作。此

① 蔡昕洋.真与假、虚与实[D].长春:吉林艺术学院,2018:49.
② 刘京娅.浅析戏剧艺术的"戏剧性"特征[J].戏剧之家,2017(04):55.
③ 方芳.学前儿童戏剧教育是什么[D].南京:南京师范大学,2012:50.
④ 张庚.戏剧艺术引论[M].北京:文化艺术出版社,1981:38.

动作中的人必须在一个排好序列的结构内来进行动作,以此表现角色的特质。一般戏剧多采用幕、场、情节段来安排戏剧的开始、中间与结束的过程(图1-1)①。

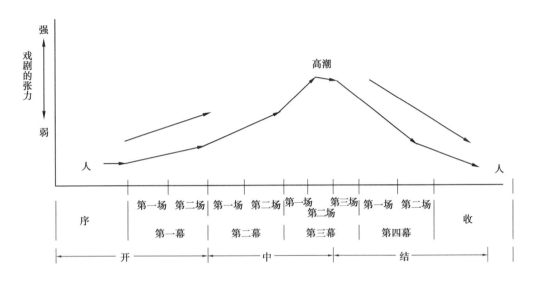

图1-1　戏剧的结构图②

（五）冲突性

戏剧以冲突为中心,冲突带动故事情节的跌宕起伏。戏剧理论家劳逊认为,戏剧的基本特征即社会性冲突。这种冲突存在于舞台中,是演员表演时人与人、个人与集体、集体与集体、个人或集体与社会或自然力量之间的冲突③。它从内容上反映了剧作文学家、演员等透过戏剧的表演范式,对现实生活中的某些矛盾观念、社会现象的认识和信念。表演者通过对故事情节的表演,以此触动观众心灵深处的反思。黑格尔在《美学》中也指出,这是因为世间万物都具有冲突性,两对立面斗争的结果,充满冲突的故事和情境尤为适合成为戏剧艺术的宝贵题材在舞台上予以呈现,戏剧总是能以最美的、最完满的、最深刻的现实表现出来④。因此,戏剧必有冲突才称为戏剧⑤,也正是戏剧中对冲突的艺术性演绎,才让戏剧更加深入人心、引人深思。

（六）游戏性

"戏"的本意是游戏、嘲弄、调笑,逗趣,"剧"有嬉戏、繁难、疾速、甚烈的意思。中国古代称剧人为"优",优者,谐戏者之谓也。《史记·滑稽列传·优孟》载:优孟为孙

---

①　张晓华.教育戏剧理论与发展[M].新北:心理出版社,2004:107.
②　张晓华.教育戏剧理论与发展[M].新北:心理出版社,2004:107.
③　余秋雨.戏剧理论史稿[M].上海:上海文艺出版社,1983:569.
④　黑格尔.美学[M].朱光潜,译.北京:北京大学出版社,2017:260
⑤　谭晓琳.论西方戏剧"戏剧性"的转变[D].武汉:湖北大学,2011:8.

叔敖衣冠,致使楚庄王以为孙叔敖复生,欲以为相。优孟借游戏的手段达到了以假乱真的效果,进而劝说楚庄王照顾孙叔敖后人的目的,这一著名的"优孟衣冠"故事被历代戏剧史家追溯为中国戏剧的发端,可见游戏与戏剧密切相关①。塞河沿认为,原始时期人们举行的仪式之所以能蜕变为戏剧,是因为仪式中的游戏精神起了决定性的作用。人类本性中所固有的游戏动机促使人类活动从娱神转化为娱人,弱化了仪式的实际功利性,唤起艺术参与者对仪式本身的观赏意识,从而导致了艺术审美性产生②。因此,人们把由演员扮演角色、当众表演故事等这类艺术形式统称为戏剧,就因为它本身是由游戏生发而成,并始终具有一种难分难解、变化曲折、疾速甚烈的游戏性质③。

> **三、戏剧与教育的关系**

(一)戏剧的教育功能

从戏剧与教育的历史渊源来看,对戏剧教育功能的认识由来已久。亚里士多德在《诗学》中有这样一段论述:"模仿是自儿童时代起就和人共同生长起来的,人之所以异于禽兽,就在于他最善于模仿;他最初的知识就是通过模仿而来的。所有的人都能以模仿为乐。"④这段话体现了教育与戏剧的两个关系:一是,模仿是人类学习的必要手段;二是,模仿是人的天性,可以使人感到快乐。这是符合"寓教于乐"教育观的,和后来的教育戏剧理念有共通之处⑤。

英国戏剧教育家布瑞恩·维(Brain Way)认为:"无论何种能力、何种条件、何种地方的儿童,他们都会戏剧,没有儿童不会表演戏剧的。"⑥儿童的身心发展特点让其身上具有一种与生而来的戏剧冲动与势能。这一与生俱来的戏剧特性,让教育与戏剧实现了天然的无缝结合⑦。因此,在人类文明发展的历史长河中,戏剧的教化功能一度为统治者们所重视,并将其作为重要的教化手段而广泛应用。例如,古希腊雅典政府向公民发放"观剧津贴",以此来鼓励民众参与戏剧活动。中国古代"六艺"体系中的"乐"就包含了戏剧教育的成分。总之,戏剧活动的活跃与发展总是与人文思潮和社会变革、社会进步密切联系的。

(二)戏剧目的与教育目标的一致性

李论认为,观看戏剧表演的人、戏剧表演者乃至所有参与戏剧活动的人,均能在戏

---

① 刘诗仁.谈戏剧的游戏性[J].民族艺术研究,1994(2):48-50.
② 塞河沿.仪式、游戏和戏剧——对戏剧精神的原初考察[J].中央戏剧学院学报,1997(1):57-63.
③ 刘诗仁.谈戏剧的游戏性[J].民族艺术研究,1994(2):48-50.
④ 亚里士多德.诗学[M].陈中梅,译.北京:商务印书局,1996:17.
⑤ 李论.教育戏剧的原理探究及在高中语文教学中的应用[D].天津:天津师范大学,2016:15-17.
⑥ 张晓华.教育戏剧理论与发展[M].新北:心理出版社,2004:58.
⑦ 方芳.学前儿童戏剧教育是什么[D].南京:南京师范大学,2012:45.

剧中获得文化的滋养、审美的愉悦、心灵的成长,优秀的戏剧表演总帮助人们能够更好地认识世界、认识自我、表现自我,帮助人们发展健康人性这一目标①。张生泉从戏剧与学校教育的关系出发,发现戏剧可以激发参与者的彼此互动,引导参与者发挥想象、表达思想、适应对方,戏剧形象的情景设计能够帮助参与者形成自我关照、自我检验、自我激励的内心机制,最终达到完善人格的目的。这与教育满足个体成长需求、完善健全人格的目标是完全一致的②。陈世明、彭怡玢等认为,戏剧对人发展的作用体现在了解生命个体并获得健康的情绪情感、培养社会意识、增强社会适应能力、提高艺术审美能力、获得学习能力与创造力以及锻造勇敢热情和积极向上的人格精神③。戏剧史学家奥斯卡·布鲁凯特认为,教育应该是协助学生舍弃享乐与物质的目的,来发挥他们的潜能。而戏剧正好具备了人类力量的最大潜能,不仅可以作为课程要素达到全面发展的目标,而且是教育中强有力的媒介④。总之,戏剧作为培养"全人"的一种有效教育方式,有助于学生核心素养的养成,这与教育健全人格发展的目标尤为契合。

(三)戏剧过程与教学实施过程相吻合

戏剧这一重要的艺术活动,和教育的相似性似乎已不言而喻。甚至有研究者认为,戏剧之于教育,可以不被看成是一般意义上的跨学科比较,而是具统一整合性的一体化研究,即我们可以大胆地假设教育即戏剧⑤。理查·谢克纳提出:"一切人类活动都可以当作表演来研究",并提出表演艺术的五项特质:①过程,某些事件发生在这里与现在;②有结果的、不能挽回的及不能取消的动作过程、互换或情况;③竞争,以某物作为悬赏给表演者及观众;④创始,使参与者改变身份;⑤具体与有组织地使用空间⑥⑦。

基于以上五项特质,周情雯归纳了教育活动与戏剧演出的相似性⑧:

第一,从过程来看,教学活动发生在教学安排下的固定时间和地点,课间铃声具有提示上课与下课的重要时间节点意义,这与剧场的开场、散场的铃声提示功能一致。

第二,从结果和动作互换的特点来看,每一节教师所进行的课堂教学活动,都是具有即时性的,一节课下课后,不可能再原模原样地重复之前的课堂活动,戏剧同样如此,每一台演出都是具有不可复制性的行为。

---

① 李论.教育戏剧的原理探究及在高中语文教学中的应用[D].天津:天津师范大学,2016:39.
② 张生泉.戏剧教育新论[M].上海:上海教育出版社,2016:2.
③ 陈世明,等.儿童戏剧的多元透视[M].上海:复旦大学出版社.2014:16-25.
④ 陈世明,等.儿童戏剧的多元透视[M].上海:复旦大学出版社.2014:25.
⑤ 周情雯.教育戏剧学新探[D].上海:上海戏剧学院,2006:16-20.
⑥ 张晓华.教育戏剧理论与发展[M].新北:心理出版社,2004:258.
⑦ 张晓华.台湾中小学表演艺术戏剧教学的解析[J].教育学报,2014,10(1):57-66.
⑧ 周情雯.教育戏剧学新探[D].上海:上海戏剧学院,2006:19.

第三,从参与者的竞争来看,课堂内存在着群体间的多面向竞争,如教师的提问、学生的抢答,以及教师给学生的课堂表现评分,学生对教师的绩效评分等,都体现了群体间的竞争机制。在戏剧中同样如此,演员与演员之间角色的竞争、导演对演员的评定、演员对导演的评价等。

第四,从身份转变来看,在信息化时代的课堂中,学生和教师可以进行身份的转换。

第五,从空间来看,即学生和教师同处于一个空间——教室内,类似于戏剧演出时的剧场或舞台,讲台似舞台,教室似剧场,这是教育活动和戏剧活动最重要的特征。

第二节　教育戏剧的内涵

教育戏剧(Drama in Education,DIE)发源于戏剧文化氛围浓厚的欧美国家,各国由于文化、政治、教育等存在差异,不尽相同,但基本上是教师在课堂里运用戏剧技巧与元素灵活地进行教学。20 世纪 80 年代以前,早期推广教育戏剧的教育家们并没有对教育戏剧的内涵有明确的定义,对戏剧在学校内的教学有多重称谓,如"教育性戏剧""发展性戏剧""戏剧教学""学校戏剧"等。

直到英国纽凯索大学(University of Newcastle)的桃乐丝·希思考特(Dorothy Heathcote)融合了前人的教学方法,被约翰·哈格森(John Hodgson)及马丁·班汉(Martin Banham)整理编辑在合集之中,将这种教学方式称为"教育戏剧"。后来凯文·勃顿(Galvin Bolton)将希思考特的教学方法整理出版《迈向教育戏剧理论》(*Towards a Theory Drama in Education*,1979),从此对教育戏剧有了明确的诠释。随着教育戏剧教学研究的不断深入,DIE 一词在世界各地逐渐有了明确的界定,成为戏剧在学校内教学的一般性统称。不同的研究者立足于不同的视角、实施过程和教育目标给 DIE 作了不同的解释。

> 一、戏剧艺术视角下的定义

张生泉从戏剧艺术的视角将教育戏剧界定为运用戏剧技巧从事教育的一个课程门类和方式,在"导演"有计划地指导下,以人的活动天性为依据,采用即兴表演、角色扮演、模仿、游戏等方法进行,引导参与者在互动中发挥想象,表达思想,掌握表演技巧,增进美感①。这一定义界定了教育戏剧的实施方式与目标。1977 年美国儿童剧场联盟认为教育戏剧是一种即兴的、非演出的、以过程为中心的戏剧形式,参与者在引导下想象、扮演和反思人类真实或想象的经验②。这一定义界定了教育戏剧的实施过程,突出过程性特征。张晓华认为教育戏剧是运用戏剧与剧场之技巧,从事于学校课堂的一种教学方法,它是以人性自然法则,自发性与群体及外在接触,在指导者有计划与架构的引导下,以创作性戏剧、即兴演出、角色扮演、模仿、游戏等方式进行③。

以上界定将教育戏剧和戏剧教育的双重概念进行了掺杂,从戏剧的本质特性出发,将戏剧作为艺术教育(美育)的一个门类加以普及推广,与教育领域相隔甚远。严格意义上而言,这一概念仍属于"戏剧教育"范畴。

> ## 二、教育视角下的定义

Freeman 等人从教育的视角将教育戏剧界定为,是在教师的指导下的一种探索和经验学习的方式,要求学生即兴创作、分析角色特征、协同完成创造性活动,做出评价与自我决策,并进行问题解决④。将教育戏剧界定为一种有效的学习方式。McCaslin 从教育戏剧与其他学科关系入手,认为教育戏剧是教授其他学科的手段,在于引导学生透过想象看到现实,理解行为背后的含义,其目的是知识的理解⑤。Peter 将教育戏剧界定为一种教学方法,认为教育戏剧是一种帮助学生获取复杂知识、进行自我完善的有效之法⑥。

总之,上述研究者将教育戏剧界定为教学方式、手段或方法过于笼统,因为在实践中,戏剧并非仅是作为一种媒介而存在于学校教育实践之中,忽视了课程的范畴。总之,"教育戏剧是什么"的问题,虽然戏剧教育者们在不同时期、从不同角度进行了多样化界定,众说纷纭,但在长期的教育戏剧实践中,各研究者们还是达成了相关的共识:

从教育戏剧的主体性来看,在戏剧中,教师与参与者共同建构戏剧作品的行动过程具有双主体特性;

从实施的过程性来看,戏剧活动强调"游戏与创造""即兴与互动""参与与合作""协商与分享""情境与体验"等;

---

① 张生泉.论"教育戏剧"的理念[J].上海戏剧学院学报,2009(3):26-34.

② Rosenberg H S. Creative Drama and Imagination:Transforming Ideas into Action[M]. New York:Holt Rinehart and Winston,1987:4.

③ 张晓华.创作性戏剧教学原理与实作[M].台北:成长文教基金会,2003:19-20.

④ Freeman G D,Sullivan K,Fulton C R. Effects of Creative Drama on Self-Concept,Social Skills and Problem Behavior[J]. The Journal of Educational Research,2003,96(3):131-138.

⑤ McCaslin N. Creative Drama in the Classroom and Beyond[M]. New York:Lonhman Publishers,1995:12.

⑥ Peter M. Drama,Narrative and Early Learning[J]. British Journal of Special Education,2003,30(1):21-27.

从实施的方式来看,教育戏剧是在戏剧情境中实现对话的教育,即幼儿个体内部对话,幼儿与同伴及教师之间的对话以及幼儿与环境之间的对话。

> 三、学前融合教育中教育戏剧新内涵

学前融合教育中的教育戏剧因教育对象的差异体现了其独特特征,但这也赋予了教育戏剧更为丰富的内涵。例如,在教育目标上,融合幼儿园中的教育戏剧更注重沟通技能与社会适应性发展,强调以幼儿的自我探索为中心,通过戏剧的方式增进参与者感知觉、语言、肢体、思维、情感的整合调动;在教育内容上,以可体验的日常生活事件为题材,唤起参与者已有经验,避免孤立技能的学习,强调知识的意义建构;在实施过程中,从特殊幼儿的经验出发,避免纯语言式表达,强调根据障碍程度提供个性化支持与刺激,提高玩偶、面具、视觉提示板等支持性辅具的运用,构建资源丰富的戏剧场景等。

因此,学前融合教育中的教育戏剧尊重个性,放弃控制;没有批判,关注参与;鼓励探究,提倡勇气;需要担当,注重协作的精神实质,可将其定义为:教师根据教学主题,采用戏剧策略将教学内容融于戏剧元素内,经由戏剧程序结构,引导幼儿整合语言、肢体、表情、想象、合作、沟通去解决"问题"、突破"困境"的综合性艺术教育活动;是一种身、心、脑整合参与的阶段性高质量学习体验;是通过探究参与与多元化表达,在支持型、互助型的学习共同体中历经自我、自我与他人、自我与环境的互动关系,实现知识转化为能力的意义建构过程。

第三节　教育戏剧的基本特征

学前融合教育中的教育戏剧打破了"戏剧即舞台演出"的固有认知,强调由教师带领幼儿透过戏剧元素与策略,促进参与者身、心、脑的统合发展。其本质特征贯穿于两条逻辑主线中:一是透过戏剧元素、戏剧策略、戏剧结构,经由语言表达、肢体呈现、表情运用、想象发挥、沟通合作去诠释人类行为与意义;二是教育戏剧强调幼儿在综合活动中亲历"问题"解决的过程,注重身心脑整合参与的艺术性体验,鼓励幼儿在学习共同体中的主动探究与多元化表达,最终在经验建构过程中实现社会互动与经验建构。

> 一、身体智慧的整合性

教育戏剧中的主题或素材,主要是模拟个体所遇到的生活或社会问题。幼儿在戏剧活动中,可通过对动作过程的模仿,经由想象、扮演、分析与解释的过程,建构对各类问题的认知和理解。同时,教育戏剧中的幼儿,面对一连串的动作符号,并非是在机械地模仿与重复,而是将自己作为认知中的动态式符号对问题进行探究与建构。其活动运作机制则体现了外部肢体动作、内部心理动作与知识建构的整合性,因为任何一个人的肢体动作均代表了人物特征、环境气氛、心理状态等意义,正如身体思维论所指出的:身体作为积累和存储人类经验、知识和智慧的信息库,孕育催生着所有形式的思维,正是独特的身体结构、生存意向、生命冲动、感知能力等意识结构、实践能力以及与周围环境的互动,构成了"思"的源泉①。教育戏剧尤为注重"思"的表现,任何戏剧活动均在不断整合参与者的思考与理念,透过矛盾点的讨论、问答、评价及教师总结,探寻人物特征、个人思想及其问题解决的方法路径,引导幼儿从象征的表象中建立自我概念②。

> ## 二、情境体验的真实性

人类生活的世界本就充满矛盾与冲突。当人与人、人与环境之间出现冲突时,尤其是特殊幼儿,需调动现有知识储备、认知能力、情感调节能力、社会适应能力解决当前"困境"。这一行动状态恰恰是特殊幼儿的关键性障碍表现。而教育戏剧却可以为特殊幼儿解决各类矛盾提供真实的空间。在戏剧活动中,通过戏剧情节的引导,幼儿可调动已有经验,用符合当下情景的语言、行为以及习惯去真感受、真交流,从而达到"我就是"角色的自我感觉。体验意识滋生后,"身临其境"地驾驭自我前行,设身处地地融洽人际关系,达到由此及彼的真实感受。通过应对复杂局面,获得勇敢面对的胆量,学会在复杂情境中、在矛盾主客双方中如何求同存异,学会自我、他人与环境的沟通方式③。这种真实体验的意义在于,儿童对情与理的认知,不是理论意义上的说教,而是渗透于真实情境中直接能体现出的行为方式,是丰富的体验内容、活泼生动的人物形象、跌宕起伏的故事情节所滋养出的认知力、创造力、应变力、是非感、正义感与道德感,是一种更为深刻的体验性真实。

> ## 三、审美实践的综合性

教育戏剧可综合音乐、美术、舞蹈、文学等艺术形式,寓教于乐。其艺术审美性一方面来源于艺术元素在戏剧活动中的渗透与配合。在活动中,故事升华为立体的、可

---

① 唐涛,张之沧."思"辨——身体思维的内在机制分析[J].学术论坛,2008(1):5-9+52.
② 孙惠柱.边缘的消失[M].桂林:广西师范大学出版社,2008:92.
③ 张生泉.戏剧教育新论[M].上海:上海教育出版社,2016:9-10.

演绎的主题;音乐成为有色彩的、有灵性的符号;舞蹈成为人与人之间互动的语言;美术使教学环境成为"能言的绘画",各类艺术手段的融合带领幼儿进入纯粹审美的艺术世界。

另一方面体现在教育戏剧引领幼儿历经追求美的心理历程。教育戏剧是一项集感官美、艺术美与社会生活美为一体的综合性审美实践活动,能够培养和提高幼儿美的感知力,陶冶精神,培育人格,增加生命的价值与意义,并把人从表层需要、感官满足的大众审美文化的追逐中提升出来①。这一美感源于戏剧活动中幼儿与同伴在戏剧情景中对语言、表情、动作的生动演绎,源于其真挚情感的自然激发。因此,教育戏剧既是人与人关系的艺术,也是一种审美实践的艺术。

> **四、教学范式的重构与创新性**

教育戏剧没有现成的"剧本"与"预演",在戏剧活动中,幼儿即贡献者,教师为合作者,教学活动即妙趣横生的舞台。教育戏剧从全新的教学范式出发,通过戏剧情景和情节的建构,引导幼儿去做、去实践、去学习、去试错,可为幼儿提供在想象的空间里自由驰骋、尽情释放情感的机会。相比传统的学前教育教学范式,第一,教育戏剧真正以学生为中心,允许儿童犯错、发问与竞争,不同发展水平幼儿的多样化与差异性被作为教学活动的宝贵资源得以尊重与理解。第二,在戏剧活动中,灌输式、枯燥化、单向垂直传递型教学范式逐渐走向动态化、生动化、弹性化与互动式。第三,增加了合作与体验,减少了程序与预设;提倡探究与分享,反对重复与灌输。第四,重建幼儿的发展空间,解放僵化的灵性,关注情感与需要,帮助幼儿以一种美学的方式认知故事情节、人物行为意义、表演技巧、主题概念等,注重幼儿思维的解放与潜能的开发,是联结其他领域或教学主题的最佳教学媒介。

第四节　教育戏剧与学前融合教育

1994 年联合国教科文组织在西班牙召开"世界特殊需要教育大会",期间通过了《萨拉曼卡宣言》和《特殊教育行动纲领》,正式提出了"融合教育"的主张②。从此,融合教育逐渐成为全球特殊教育领域乃至整个教育领域讨论最热烈的议题③。学前融合

---

① 张晓华.表演艺术 120 节戏剧活动课[M].台北:书林出版有限公司,2008:17.
② 邓猛,颜廷睿.融合教育理论反思与本土化探索[M].北京:北京大学出版社,2015:1-2.
③ 邓猛,苏慧.融合教育在中国的嫁接与再生成:基于社会文化视角的分析[J].教育学报,2012,8(1):83-89.

教育是融合教育在学前教育阶段的延伸,与义务教育阶段融合教育具备一致的理念与主张。

> 一、教育戏剧与学前融合教育的关系

（一）实施理念一致

在教育戏剧的实践中,融合教育理念与教育戏剧的精神实质如出一辙,二者均将平等、互动、全体参与、尊重多样、理解差异、潜能开发作为重要的实施原则。学前融合教育主张应接纳所有的幼儿,保障每一名幼儿的权利,无论他们的能力如何,都要拒绝各种排斥,使其都能作为家庭、社区、社会的一员而参与各种活动①。教育戏剧正是所有幼儿包括特殊幼儿在内,都能受益的一种教育方式。在戏剧教育实施中,所有幼儿都能在戏剧活动中找到自己的"位置",每一个幼儿都可以在宽松、安全的戏剧活动中畅所欲言,表达自我,所有表达都是推动戏剧发展的"力量",均会得到他人的回应与关注,没有歧视与偏见②。因此,从理念的层面来看,教育戏剧与融合教育均注重每一个人的公平参与,每一个人都是活动中的主人。

（二）学生观一致

在学生观上,二者均尊重个体的个性差异与潜能发展。融合教育强调每个幼儿都有独一无二的个人特点、兴趣、能力和学习需要;强调在尊重差异的基础上,注重所有幼儿的潜能开发和个体的充分自由发展③。在教育戏剧中,正是由于个体的个别差异,才能让角色体现独特的魅力,因此在戏剧活动中,个别差异备受珍视,是戏剧创作的源泉,要注重每个个体对集体的贡献性。此外,教育戏剧的开展没有现成的"剧本",活动的进行需要幼儿根据当下的情境、事件与角色进行构建,构建的过程即潜能发挥的过程,让参与者在游戏与合作中获得了能力的发展④。

（三）实践过程一致

在实践过程中,二者均注重每个个体的平等参与及合作沟通。合作与参与是融合教育支持体系的显著特征。融合教育的开展不仅依赖于教师群体、家庭、学校和社会三者之间的合作,而且强调学生之间的合作与支持。融合教育主张通过普通幼儿与特殊幼儿相互的合作、学习和交流,不仅能够让特殊幼儿从普通幼儿那里得到帮助和支

---

① 邓猛,颜廷睿.融合教育理论反思与本土化探索[M].北京:北京大学出版社,2015:15.
② 卡丽·米娅兰德·赫戈斯塔特.通往教育戏剧的7条路径[M].王玛雅,王治,陈玉兰,等译.上海:华东师范大学出版社,2019:51.
③ 邓猛,孙颖,李芳.融合教育理论指南[M].北京:北京大学出版社,2017:29.
④ 董健,马俊山.戏剧艺术十五讲[M].北京:北京大学出版社,2012:43.

持,而且普通幼儿也能从融合性的合作和互动中受益。融合教育倡导合作学习,让特殊儿童与普通儿童在合作中相互支持,实现共赢①。戏剧本身就是一种群体艺术,戏剧的展开离不开每个个体的积极参与以及个体之间的合作与支持。通过个体间的合作、互动与协商解决戏剧中的冲突与问题,达到教学目标,是教育戏剧实施的重要方面,体现了幼儿之间合作学习的精神实质②。这也是学前融合教育的本质性目标。

> ## 二、教育戏剧在学前融合教育中的价值

在艺术门类中,戏剧被誉为离人最近的艺术,教育戏剧则是最便捷、最适当的人文素质教育③。与音乐、舞蹈、美术这些同是对现实生活凝练的艺术相比,戏剧中的故事性、冲突性与人物性格塑造,包含着更为丰富的人文内容和知识,蕴含着更为深刻的人文思想和精神④。学前融合教育关怀着融合幼儿园中的每个教育对象,教育戏剧则是关怀着每个人的独特性与人格特质。

(一)教育戏剧符合特殊幼儿的学习特点

学前融合环境中的特殊幼儿通常在智力功能与适应性行为方面存在显著性限制,会经历来自社会不同领域的挑战,因此,为达到学前融合教育的目标,教师需要提供直观的实物开展教学,提供使抽象概念意义化和具体化的机会。教育戏剧则是直观教学的最佳媒介,活动的参与者置身于虚构的角色与情境中,经由身体与环境的互动,从对他人的观察模仿,到他人的影响与同化,再到合作带来的强化与体验一气呵成,抽象概念伴随事件的演变与冲突的化解跃然眼前。通过将抽象的问题或知识"还原"为鲜活的生活事件,既拉近了生活与学前教育的关系,又让幼儿们亲历知识的理解与概念化过程,避免了教学中重复机械式训练对幼儿完整技能的肢解与割裂。

(二)教育戏剧是提升特殊幼儿社会适应能力的有效方式

对特殊幼儿社会适应能力的培养是培智教育永恒的价值追求。教育戏剧中对参与者社会交往技能、建立人际关系的重视是其他任何干预方式无法比拟的⑤。相比于传统教室环境,教育戏剧所创设的戏剧世界更有利于参与者认知能力的提升⑥。在学

---

① 邓猛.融合教育实践指南[M].北京:北京大学出版社,2016:114.
② 林玫君.儿童戏剧教育概论[M].上海:复旦大学出版社,2019:101.
③ 董健,马俊山.戏剧艺术十五讲[M].北京:北京大学出版社,2004.399.
④ 黄爱华.戏剧教育的基本理念及其运用[J].戏剧艺术,2010(1):69-77.
⑤ Kempe A. Developing social skills in autistic children through 'Relaxed Per-formances'[J]. Support for Learning,2014,29(3):261-274.
⑥ Andersen C. Learning in "As-If" Worlds:Cognition in Drama in Education[J]. Theory Into Practice,2004,43(4):281-286.

前融合环境中,特殊幼儿有更多的机会与普通幼儿共同合作与活动,社会交往、人际互动、自我决定、问题解决、同伴支持、团体合作、语言沟通等无时无刻不出现在戏剧活动的各个环节,与情境自然结合,正如 Landy 所认为的:"在人类历史发展过程中,戏剧是一种自然的学习方法,它的组成要素,如模仿、想象、扮演、分析与解释,是社会学习中最有价值的素材。"[①]

(三)教育戏剧中的"保护性策略"可缓解特殊幼儿的心理问题

特殊幼儿在幼儿园集体生活中,由于认知与社会适应能力欠缺,普遍会存在焦虑、有不安全感、感到孤独等。教育戏剧模拟的环境、事件、角色都是假设的,戏剧中所有的回答、分析、解释和评论也是建立在假设情景基础上的,是一种自然、自在、安全且没有现实与心理压力的学习模式[②]。Jones 提出适合于特殊幼儿的教育戏剧策略:戏剧性投射、戏剧性现实("假如"戏剧模式)、以模仿为主的角色扮演、说故事及默剧,其特点在于允许参与者"stand in the shoes of another person"[③]。因此,教育戏剧可缓解参与者在戏剧活动中的压力与焦虑,同时可对特殊幼儿尚未具备技能的需求度进行个性化调整,能使人尽情地表现自己的同时还能够产生一种安全感。

(四)教育戏剧可以促进普通幼儿对特殊幼儿的接纳

发展和鼓励普通幼儿对特殊幼儿的积极接纳是学前融合教育工作中的重要责任和目标,同时,同伴接纳也是成功学前融合教育的重要组成部分[④]。但诸多研究却表明,学前融合教育虽然为特殊幼儿提供了与同龄人接触的机会与场域,却不会自动导致特殊幼儿被同龄人接纳,在没有教师干预的情况下,特殊幼儿仍然在自由游戏期间单独玩耍,与同龄人相比,特殊幼儿的社会交往要少得多[⑤]。

相当多的研究表明,教师通过科学、适合的干预措施可提高普通同龄人对特殊儿童的接受程度,促进交往[⑥]。而教育戏剧就是被无数研究者所证明的,适合于增加普通幼儿对特殊幼儿的理解与接纳,提升普通幼儿与特殊幼儿之间同伴关系质量的有效媒介。这是由于在戏剧实施中,如果一个人把自己放在别人的立场上,就可以创造出一种移情的人格,戏剧的运用可以通过角色扮演和采纳他人的观点来改变普通幼儿对特

---

① Landy R. Handbook of Educational Drama and Theatre[M]. Wesport:Greenwood,1988:79-80.

② 张晓华.表演艺术 120 节戏剧活动课[M].台北:书林出版有限公司,2008:30.

③ Jones P. Drama as Therapy:Theatre as Living[M]. London:Routledge,1996:45.

④ Cross A F,Traub E K,Hutter-Pishgahi L,et al. Elements of Successful Inclusion for Children with Significant Disabilities[J]. Topics in Early Childhood Special Education,2004,24(3):169-183.

⑤ 王琳琳,邓猛.学前融合教育背景下特殊幼儿同伴交往的混合研究[J].现代特殊教育,2021(2):12-21.

⑥ De Boer A,Pijl S J,Minnaert A. Evaluating the Effectiveness of an Intervention Program to Influence Attitudes of Students Towards Peers with Disabilities[J]. Journal of Autism and Developmental Disorders,2014,44(3):572-583.

殊幼儿的看法和接纳①。

　　除此之外,Neelands 和 Goodes 认为教育戏剧在课程中还可以实现四大功能,即学习工具性知识、表达观念、美感学习、促进个人与群体的学习。其中,在表达观念方面,教育戏剧中的参与者可以透过对社会隐喻的反思改变对他人的态度与信念;在促进个体与群体的学习方面,有利于参与者自我决定以及社会适应能力的提高。有研究表明,戏剧对特殊儿童的社会学习和表达作用的促进比正常儿童的要大得多,是融合班级促进同伴交往的一种有效干预方法②。

---

① Smiley J. Thirteen Ways of Looking at the Novel[M]. New York:Random House,2005:12.

② Law Y,Lam S,Law W. Enhancing Peer Acceptance of Children with Learning Difficulties:Classroom Goal Orientation and Effects of a Storytelling Programme with Drama Techniques[J]. Educational Psychology,2017,37(5):537-549.

第二章
教育戏剧的发展历程

戏剧,在西方是与美术和音乐具有同等地位的艺术形式。西方戏剧在历史长河中,不仅是艺术殿堂之中一颗熠熠生辉的明珠,同时也对西方文学与其他艺术产生了深远影响。教育戏剧自产生以来,在实践中得到了不断发展与完善。

第一节　教育戏剧的起源与萌芽

从教育戏剧的理念来看,并不缺乏教育戏剧在教育领域开展的理论土壤。例如,洛克从"一切知识来源于经验"的命题出发,提出人类所有的观念都来源于身体感官获得的经验,通过感官获得的经验可在心智的白板上留下各种印记;梅洛庞蒂认为知觉的主体是身体,身体是知觉和学习的指挥者和执行者,身体的动作对概念形成、逻辑推理等心智过程有着决定性的影响。这些都为教育戏剧的形成提供了重要的理论基础。

> ### 一、教育戏剧的起源

教育戏剧的起源可追溯至古希腊时期哲学家们的观点。在《理想国》中,柏拉图主张戏剧是有效的学习方式。亚里士多德呼吁艺术教育,他认为人最初的知识从模仿而来,通过戏剧能让人的情感得到宣泄与平衡,让灵魂得到"净化"[①]。卢梭则认为游戏扮演的实作学习是最适合儿童的学习,能满足儿童本能的心理需求,并在其著作《爱弥儿》中提出了"由实作中学习"与"在戏剧实作中学习"两个概念,由此开始了戏剧融入教育的实践之路[②]。

此后,教育思想家杜威在其实作学习理论的影响下,首先将戏剧的教学方法应用于教育实验中[③],并在其著作《艺术之体验》中明确指出:

教育全部活力的主要源泉在于本能及儿童行动的态度与活动,而不在于外在素材的表现与运用。因此,不论是透过他人的理念还是透过感知,以及

---

①　McCaslin N. Creative Drama in the Classroom and Beyond[M]. New York:Longman,2006:257-258.
②　张晓华.教育戏剧理论与发展[M].新北:心理出版社,2004:8.
③　黄凯.儿童剧与幼儿认知发展[J].全球教育展望,2011,40(12):47-54.

这些按照无以计数的儿童自发性游戏,如装扮、游戏、模仿……都能被教育所运用,这些都是教育方法的基石①。

此后,杜威开展了一系列戏剧教学的实验,并发表了关于戏剧教学的报告。1900—1915 年,多所小学参与了戏剧教学的实验。然而这些活动均是在践行杜威的教育理论"做中学"的前提下进行的,并没有关于戏剧教学法的具体介绍②。

> 二、教育戏剧的萌芽

第一位有目的地将戏剧作为教学方法在课堂中使用的教师是哈莉特·芬蕾-强生(Harriet Finlay-Johnson),她注重戏剧游戏在渐进式戏剧教学中的作用,提出了将课程主题转化为戏剧过程与故事的戏剧教学法;主张教学过程从戏剧性游戏开始,选择呈现的内容,分配人物角色,通过彼此互动,直到完整故事的表演结束③。亨利·卡德威尔·库克(Henny Caldwell Cook)实施文学融合戏剧扮演与舞台呈现的教学实践,提出以游戏为主的戏剧教学法和渐进式戏剧扮演的教学策略,奠定了英国教育戏剧以关注戏剧与各学科的统整教学,实现以教育目标为主的发展基调④。

在美国,戏剧教学的开拓者威妮弗蕾德·沃德(Winifred Ward)开创了"说故事""儿童创造性戏剧表演""儿童剧场"等戏剧教学法,认为创造性戏剧中儿童的即兴表达是儿童与生俱来的天赋,但需要有一位同样具有丰富想象力的引导者进行启发引导,儿童的这种创造性天赋便能流露出来⑤。

因此,美国的教育戏剧以培养学生的创造力为发展基调,是以"创造性戏剧"为主的教学,注重戏剧艺术的本质教学。综上所述,在 19 世纪末至 20 世纪初,教育戏剧的萌芽期是以教学法为中心的阶段,而教育戏剧显然以训练学生的剧场表演和演讲技巧为主要内容,作为学校教育中的单一教学方法,依附于其他学科而存在,但由于未对其内涵与外延进行界定,致使戏剧偏离了为教学服务的初衷。

第二节 教育戏剧的形成与发展

20 世纪 30 年代,教育戏剧理论日趋完善,实践的侧重点在于关注参与者的戏剧活

---

① 杜威.艺术即体验[M].程颖,译.北京:金城出版社,2011:21.
② 张晓华.教育戏剧理论与发展[M].新北:心理出版社,2004:8-9.
③ Michael O'Hara. Drama in Education:A Curriculum Dilemma[J]. Theory Into Practice,1984,23(4):314-320.
④ Michael O'Hara. Drama in Education:A Curriculum Dilemma[J]. Theory Into Practice,1984,23(4):314-320.
⑤ Yoda M. Henry Caldwell Cook and Drama Education in England[D]. Kyoto University (Japan),2013.

动体验对个体发展的促进作用。教育戏剧的实施突破了对其他学科的依附性,不再局限于单一戏剧教学方法或戏剧的过程,而是艺术教育中不可缺少的独立课程之一。

> 一、教育戏剧形成时期

在英国,彼得·斯莱德(Peter Slade)主张儿童戏剧是有规范的肢体、空间、音乐与语言和谐表现的教育,是专属于儿童的艺术学习,应放弃传统剧场方式的教学,他批判了以表演为目的的教育戏剧实践,鼓励学生在戏剧中的体验与自我表达①。布瑞恩·维(Brain Way)认为戏剧是促进儿童人格成长的教育模式,主张从"以学生为本"的视角关注学习者在自我概念、自我实现、自我认知方面的发展,提出由个人练习发展到团体协作的渐进式戏剧教学策略②。

桃乐丝·希思考特提出"教师入戏"与"专家外衣"的戏剧教学策略,注重教学情境的创设;认为学习者可以在自我、社会或故事的情境中选取具有戏剧张力和学习价值的主题,进行深入探讨并寻求问题解决方式;教师在戏剧活动中要时刻关注学生的情感体验、主动参与经验建构③。

塞西勒·奥妮儿(Cecily O'Neill)提出"过程性戏剧",即通过戏剧的方式来探索问题,不以演出为目的,注重戏剧活动中参与者的体验与探索④。在前人的基础上,凯文·勃顿在其著作《迈向教育戏剧理论》中提出了教育戏剧的概念,并认为教育戏剧应该由戏剧性扮演延伸至透过肢体语言,在信以为真的情境下的思考性学习,这种学习从学生的内在感觉、情绪与认知出发,与外在表现、学习内容相结合,是问题解决式的学习模式⑤。

综上所述,在这一时期,以参与过程为中心的教育戏剧关注个体在戏剧活动中的活动体验与自我实现,其实施不是在培养演员,而是在培养人格完整的社会人,注重参与者假设、预测、操作、想象、提出问题、解决问题等经验的获得,明确了戏剧的参与过程与结果呈现之间的主次关系。

> 二、教育戏剧发展时期

20世纪中后期,教育戏剧逐渐成为西方各国学校教育体制内的课程之一,凸显了

---

① Slade P. Child Play,Its Importance for Human Development[M]. London:Jessica Kingsley,1995:2.

② Bolton G. Changes in Thinking about Drama in Education[J]. Theory Into Practice,1985,24(3):151-157.

③ O'Neill C. Drama for Learning[M]. Portsmouth:Heinemann,1995:17-19.

④ Neelands J. Structure and Spontaneity:The Process Drama of Cecily O'Neill[J]. British Journal of Educational Studies,2008,56(1):112-113.

⑤ Bolton G. Acting in Classroom Drama,Acritical Analysis[M]. Maine:Calendar Islands,1999:31.

戏剧的艺术性本质。在英国,大卫·洪恩布鲁克(David Hornbrook)认为教育戏剧应属于戏剧艺术本质学习的课程,提出教育戏剧在制作、表演与回应中的三维目标,并将戏剧课程的架构分为由故事的叙述建立创作内容、演出与鉴赏①。

强纳森·尼兰德斯(Jonothan Neelands)提出教育戏剧应运用在一个可发展的课程结构中,从工具性知识学习、个人与群体学习、表达式学习、美感学习四个方面设计了"罗盘式"教育戏剧课程目标②(图2-1)。

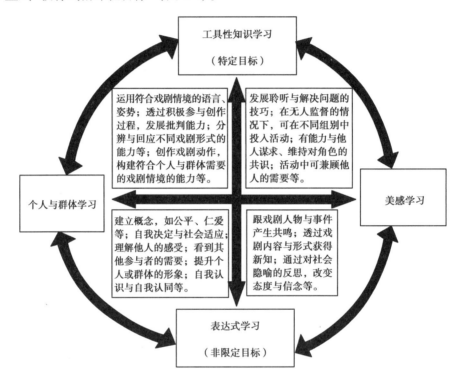

图2-1 "罗盘式"教育戏剧课程目标

在美国,内莉·麦卡斯林(Nelie McCaslin)开创以"戏剧概念学习"为主的课程模式,从建立表达性的语言与肢体动作、戏剧创作、戏剧审美三个方面设计了幼儿园至小学六年级的戏剧课程与活动③。1994年,美国制定《艺术教育国家标准》,构建了从幼儿园到高中的戏剧课程体系,课程内容涉及剧本、角色、剧场、文化理解、赏析等八个方面,英国、澳大利亚、加拿大等国也相继将戏剧纳入课程内学习,与音乐、美术并行开设④。

---

① Bolton G. Changes in Thinking about Drama in Education[J]. Theory Into Practice,1985,24(3):151-157.

② 强纳森·尼兰德斯,东尼·古德.建构戏剧:戏剧教学策略70式[M].李慧心,译.台北:财团法人成长文教基金会,2005:158-159.

③ 陆泽聿.智能障碍者戏剧教育课程与教学之行动研究[D].台南:台南大学,2011:29-30.

④ 陈昊.教育戏剧:理论探讨与实践进展[J].内蒙古师范大学学报:教育科学版,2017,30(9):1-7.

总之,以课程为中心的教育戏剧已完全脱胎于传统的戏剧教育,突破了对其他学科的依附性,不再局限于单一戏剧教学方法或戏剧的过程,成为艺术教育中不可缺少的独立课程之一。综上所述,从本质上看,教育戏剧的发展历程是教育与戏剧两大领域历经磨合与调整,逐渐趋向融合的过程。在二者融合的过程中,它也反映了学校教学变革的发生。

第一,教育戏剧使教师的教学方式从灌输式走向建构式,教师所创设的学习情境成为基于人的能动性与交往性基础之上的"对话场"与"关系场",从而凸显知识的生成性与经验的建构性。

第二,教育戏剧使学生的学习方式从个体学习走向协同学习,帮助参与者在学习共同体中建构自我与他人、未知世界与生活世界以及自身与知识之间的关系。

第三,教育戏剧使师生角色发生转型,教师由分数的评判者转化为学生学习的协同者,学生由被测评者转化为掌握发展主动权的意义建构者。以上变革促使教学中的信息传递模式从教师单向传递走向师生双向传递,构建了"输入—分析与处理—输出—反馈—再次输入……"的循环信息传递模式。

第三节 国内教育戏剧的发展

早期,在国内的教育领域中,似乎只有培养戏剧人才的"戏剧教育"概念,但在教育系统中却鲜有涉及"教育戏剧"概念。

> ### 一、国内教育戏剧的推进

教育戏剧"崭露头角"始于1984年孙家诱和华文于1990年发表的两篇文章:《关于英国的TIE》和《英国的戏剧教学法》。在20世纪,这两篇文章在当时并未引起太大的影响①。

虽然在20世纪初期,张伯苓在南开中学任校长时,曾首创先河,尝试将戏剧教学法引入到当时的教育体制中,但遗憾的是这种教育戏剧的尝试未能延续下来②。20世纪末期,随着素质教育的逐渐推进和深入,国外教育戏剧的教育理念逐渐进入中国。1995年,上海戏剧学院教授李婴宁参加了第二届国际教育戏剧联盟会议,回国后开始

---

① 徐俊.回望与反思:近二十年大陆教育戏剧相关研究述评[J].戏剧艺术,2017(1):101-111.
② 陈昊.教育戏剧:理论探讨与实践进展[J].内蒙古师范大学学报:教育科学版,2017,30(9):1-7.

努力推广教育戏剧①。

1999年中共中央、国务院作出《关于深化教育改革全面推进素质教育的决定》,将美育正式列入国家教育方针,更为戏剧教育进入普通学校打下基础②。2001年,教育部出台了《全日制义务教育艺术课程标准(实验稿)》,首次提出要将戏剧类相关课程纳进中小学的学科教学中,为戏剧课程进入我国课程体系提供了依据。同年,教育部颁布《学生艺术能力发展水平参照表》,该文件再一次明确要求各级各类学校要利用戏剧的方式进行学生团体合作能力的训练:"在舞蹈和戏剧游戏中,学会人与人之间的合作。"③这是从国家层面对戏剧教育价值的肯定。随后,在2005年,上海戏剧学院成立了艺术(戏剧)教育专业,"教育戏剧理论发展和实践"这门课程被列入该专业的必修课程。专业的设立与课程的开设彻底改变了我国原本仅有传统戏剧教育的现状④。

2015年,国务院办公厅印发的《关于全面加强和改进学校美育工作的意见》明确指出,在义务教育和普通高中阶段,在美术、音乐等艺术类课程的开设基础上,有条件的要增设戏剧、影视、舞蹈、戏曲等教学模块或地方化课程,进一步明确了戏剧在我国教育体系中的重要地位。

> 二、教育戏剧在实践上的突破

近年来,随着先进教育理念的传播,以及我国教育教学改革的推动,教育戏剧的理念与实践范式越来越受教育部门与各级各类学校的关注。例如,2001年张金梅在其《幼儿园戏剧综合活动研究》中,尝试将教育戏剧、创造性戏剧等理念和实践范式引入幼儿园的戏剧综合课程中,取得了良好的实践结果。在上海,戏剧教育活动在多所中小学中得以开展,教师创造性地将戏剧的技巧与结构应用于各类学科的课内外活动中。随着各类学校教育戏剧活动的开展,幼儿园和中小学教师的戏剧素养的培训也逐渐增多,如上海东华小学基于教育戏剧,探索出华林"戏剧3+3"模式;上海市三女中自2010年开始就将教育戏剧纳入校本课程,成为该校艺术教育、国际教育的一个实验项目。

除此之外,上海戏剧学院附属中学、华东师大附属小学、进才中学、世界外国语学校,以及嘉定、宝山、青浦区的多所小学均将教育戏剧方法融入教学中,建立了课堂教学、师资培训的一体化实践流程。另外,儿童戏剧中心也相继成立,如"灰姑娘"俱乐

---

① 李婴宁."教育性戏剧"在中国[J].艺术评论,2013(9):48-52.
② 张生泉.戏剧教育新论[M].上海:上海教育出版社,2016:64.
③ 张生泉.戏剧教育新论[M].上海:上海教育出版社,2016:64-65.
④ 李婴宁.英国的戏剧教育和剧场教育[J].戏剧艺术,1997(1):56-61.

部、"青苹果"俱乐部、"抓马宝贝"教育剧场等①。

综上所述，在实践中，我国教育戏剧的实践虽然起步较晚，但成果丰富。从教育戏剧实践的学龄段来看，教育戏剧已充分进入儿童学习的各个年龄段，从学前教育到中等教育阶段再到高等教育均有教育戏剧的实践身影；就教育戏剧融入的学科分布来看，在实践中，教育戏剧完全可以与英语、语文、数学、音乐、政治等学科充分融合。总之，校内的戏剧课堂与校外的戏剧剧场让更多的儿童在戏剧中收益，成为提升学生综合素养的重要媒介。

> ## 三、国内关于教育戏剧应用研究中的问题

教育戏剧虽然是一门实践性强的学科，但是理论研究与实证研究有助于扩展教育戏剧的内涵，对创新教育戏剧实践模式具有积极的推动意义。近年来，随着核心素养、教育教学改革、课程改革等呼声迭起高涨，教育戏剧作为改革传统教育教学的利器，备受教育研究者的重视。国内关于教育戏剧的研究逐渐增多，主要有以下几个特点：

第一，理论思辨研究多，实证研究少。我国教育戏剧起步晚，在教育领域内受关注时间较短，关于教育戏剧的研究仅停留在教育戏剧与其他概念的厘清以及应然状态下教育戏剧的功能②。实证研究虽然证明了教育戏剧的有效性，但数量有限，主要用于同伴关系、人际交往能力、情绪管理等方面的干预③。

第二，教育戏剧的教育对象从学前幼儿到本科阶段学生均有涉及。舒曾、马利文采用行动研究法，为北京"四环游戏小组"的22名学前流动儿童开展了5个主题、9次教育戏剧活动，结果发现学前流动儿童在教育戏剧活动中呈现出了"创造性动作表现多但自发性言语表现少、积极踊跃参与扮演但入戏程度较浅"的特点④。刘慧贤将教育戏剧用于中小学心理健康教育课程中，注重发挥学生的自主性和自我体验⑤；杨鸿雁探索了教育戏剧的初中英语写作教学模式⑥；赵娜、张欣将教育戏剧理念在高中"情绪管理"专题课中的予以运用⑦；史楠将教育戏剧应用在高等师范《学前儿童音乐教育》

①　李婴宁."教育性戏剧"在中国[J].艺术评论,2013(9):48-52.

②　徐俊.关于教育戏剧的语词、定义与划分的再思考[J].基础教育,2017,14(6):51-57.

③　赵琼.应用教育戏剧发展高中生人际交往能力[J].中小学心理健康教育,2016(21):18-20.

④　舒曾,马利文.教育戏剧促进学前流动儿童发展的习式与效果分析[J].学前教育研究,2017(2):53-63.

⑤　刘慧贤.创造性教育戏剧在中小学心理健康教育课程中的运用[J].中小学心理健康教育,2017(25):25-27.

⑥　杨鸿雁.基于教育戏剧的初中英语写作教学模式探析[J].遵义师范学院学报,2017,19(2):126-129.

⑦　赵娜,张欣."抽出来"而不是"塞进去"——教育戏剧理念在高中"情绪管理"专题课中的运用[J].中小学心理健康教育,2013(18):23-25.

课堂教学中等①。

第三,教育戏剧的实践领域以普通教育为主,特殊教育领域鲜有涉及。教育戏剧虽然在普通教育领域的实践研究较为丰富,但是从目前的文献来看,似乎还并未受到特殊教育的关注,目前的研究只限于对自闭症儿童的自我保护和智力障碍儿童的情绪管理两大主题②③,虽有研究者提出教育戏剧符合特殊需要儿童的身心发展特点和学习特点,但仅限于应然状态下的探讨④。

第四,国外经验介绍多于国内本土化探索。由于教育戏剧属于从西方引介而来的概念,因此,在教育戏剧发展的初期多为国外实践经验的介绍,比如,李婴宁介绍了英国的戏剧教育和剧场教育⑤;张金梅介绍了美国教育体系中创造性戏剧的使用方法⑥;张朗朗介绍了戏剧教学法在英国中学语文教育中的运用⑦;俞理明介绍了加拿大中小学戏剧课程的体系建设⑧;高祥荣、张天虹介绍了新西兰中小学教育戏剧研究⑨。但孙惠柱、寇才军认为源于欧美的教育戏剧应用于我国中小学有兼容性问题,多数中国教育戏剧的先行者们过于相信在中国水土不服的西方戏剧范式⑩。因此,教育戏剧在我国的实践需要结合我国的文化背景、学校体制与教育理念等进行本土化探索。

① 史楠.教育戏剧在高师课堂教学中的应用研究[D].西安:陕西师范大学,2018:2.
② 李涛.教育戏剧对青年自闭症学生性教育自我保护之教学成效研究[D].重庆:重庆师范大学,2016:5.
③ 刘友群,付勇.教育戏剧课程对提高智障学生情绪管理能力的实践探索[J].现代特殊教育,2017(5):56-58.
④ 王鑫,杨柳.教育戏剧在培智教育中的应用初探[J].绥化学院学报,2017,37(4):59-63.
⑤ 李婴宁.英国的戏剧教育和剧场教育[J].戏剧艺术,1997(1):56-61.
⑥ 张金梅.美国儿童教育中的创造性戏剧教育[J].早期教育,2003(10):19.
⑦ 张朗朗.戏剧教学法在英国中学语言教学中的应用研究[D].重庆:西南大学,2012:1.
⑧ 俞理明,韦爱诗.加拿大中小学戏剧课程及其启示[J].外国中小学教育,2002(5):24-27.
⑨ 高祥荣,张天虹.新西兰中小学教育戏剧研究及其启示——以 Dilworth School 年度戏剧为例[J].外国中小学教育,2016(6):23-29.
⑩ 孙惠柱,寇才军."练习曲":让教育戏剧一个学生也不能少的关键[J].美育学刊,2013,4(3):10-13.

第三章
教育戏剧的策略与模式

在教育戏剧课堂中,并非去教授参与者戏剧技巧、剧本写作或者肢体表演等要素。教育戏剧的实施,是通过戏剧的趣味性方法或者跨学科科目,帮助学生进入一种高效的参与式学习过程,把趣味性的方法和多元、虚构的情景作为一种手段,去探索问题、解决问题,从而延伸出参与者对生活意义的思考。因此,教育戏剧最核心的内容就是趣味性的游戏和故事。如何在游戏和故事展开的过程中,既让参与者全身心投入学习和探索中,又让参与者感受到戏剧艺术本身的艺术熏陶呢? 教育戏剧实施过程中丰富的戏剧策略与模式,就为教师提供了达成教学与艺术素养双重目标的方向指引。

第一节　教育戏剧教学策略的定义与基本内容

戏剧的教学策略是一套具有显著戏剧特色的实践方法,它不同于一般课堂中的教学策略,是戏剧教学区别于普通教学的重要方面。

> ### 一、教育戏剧教学策略的定义

尼兰德斯(Neelands)将戏剧活动中常用的戏剧技巧命名为"Conventions",意指在戏剧中约定俗成的方法、观念[①]。部分研究者则根据戏剧策略的实施将其翻译为中文的"习式"[②]。译者舒志义等在翻译过程中进一步将"习式"定义为"策略"。

戏剧教学策略具有相对固定的实施方法,例如,英国的教育戏剧学者强纳森·尼兰德斯等就曾提出七十种戏剧教学的策略[③]。戏剧教学策略具有游戏活动性质,可通过不同的游戏实施方法帮助参与者在戏剧情景中暂时抽离出戏剧扮演状态,让参与者去思考、反思、重新梳理戏剧情景中的问题。因此,戏剧教学策略在戏剧教学中可帮助师生明确在情景中的问题、正确地看待自己与他人行为以及各自的内心感受、及时地思考问题解决方法,是将人物、主题、情节、张力、象征等戏剧元素,与各类艺术形式融

---

① 王琳琳,邓猛.西方教育戏剧的发展沿革与实施[J].比较教育研究,2019,41(3):87-94.

② 张晓华.教育戏剧理论与发展[M].新北:心理出版社,2004:46.

③ 强纳森·尼兰德斯,东尼·古德.建构戏剧:戏剧教学策略70式[M].李慧心,译.台北:财团法人成长文教基金会,2005:158-159.

入教学活动的桥梁,最终目标是激发学生参与的兴趣,引导其对问题进行深度探究①。

> ## 二、教育戏剧教学策略的基本内容

教育戏剧活动中常见的几类教学策略包括:建立情景活动的教学策略、叙事性活动的教学策略、诗化活动的教学策略以及反思活动的教学策略四大类。

(一)建立情景活动的教学策略

该类教学策略是根据教师的故事讲述或者自己对故事情节的理解,引导参与者采用肢体或相关物品去建构戏剧故事情景的方法。此类活动以建构戏剧所需要的情景为目的,如设计故事发生的环境、房间、家居摆设等。建立情景活动的戏剧教学策略则是帮助参与者构建戏剧情景,参与者通过对戏剧情景的创设,快速掌握戏剧情节发生的背景信息、空间信息、环境氛围以及人物特质,为"入戏"推动戏剧发展提供背景性资料。常用的策略有"墙上的角色""视觉艺术""定格画面""定义空间""见物识人""旁述引导"等,见表3-1。

表 3-1　建立情景活动的教学策略实施

类型	策略	实施方法
建立情景活动	墙上的角色	通过绘制人形图像的方式记录戏剧角色资料(性格、特点、关系等),在实施中参与者会把角色的上述特征或重要台词、想法、感受等写在角色图像上。
	定义空间	根据位置、背景、地域特点等划分戏剧情境中的空间,引导参与者对故事主题、人物等进行思考或联想。
	戏剧游戏	以游戏提升参与者的联想、创作等能力,也可作为对主题活动的导入,让参与者对特定主题有一定的预备和思考。
	定格画面	参与者以肢体创作的形式,呈现戏剧情境中的重要的一个事件或瞬间。
	视觉艺术	让参与者通过绘画、手工制作等方式去创作与主题相关的内容,可延伸出参与者对主题的深层思考,也可作为道具或展览作品。
	见物识人	在袋子、信封或者书包等中放好与故事人物、情节等有关的物件(钥匙、日记、衣服、书等),引导参与者从物件中推测和任务或戏剧情景相关的信息。
	身体搭建	参与者以小组合作的形式,通过肢体间的合作与创意搭建,来呈现与主题相关的内容。

---

① 焦阳.核心素养视阈下教育戏剧原理及理论机制研究[J].教育参考,2017(4):5-14.

类型	策略	实施方法
建立情景活动	旁述引导	教师将故事的背景等内容介绍给参与者,可伴随即兴表演或者音乐、动画等。
	镜像	一人表演"镜子",一人表演镜子中的人,两人进行镜像互动。

(二)叙事性活动的教学策略

叙事性活动的教学策略则是主要帮助参与者设计与发展戏剧故事的情节。叙事性教学活动是戏剧活动中的关键事件,也可用于介绍或创造新的故事情节。叙事性活动教学策略的目的在于强调戏剧活动中故事的发展走向,也可检验参与者对故事中心的理解与评价。主要策略包括"广告时间""时光闪回""教师入戏""故事圈""重要时刻"等,见表3-2。

表3-2 叙事性活动教学策略的实施

类型	策略	实施方法
叙事性活动	合作演绎	将全班分成若干小组,各组根据对主题内容的理解和诠释进行情节演绎或者定格某一瞬间。
	旁述默剧	教师用旁白讲故事的方式,引导参与者根据自己的角色或对故事情节的想象,运用肢体动作呈现剧情原貌。
	故事圈	参与者围成一个圈,教师在讲故事的过程中,邀请参与者走进圈中,将教师所讲述的故事进行即兴表演。
	时光闪回	以回忆倒叙的方式,引导参与者回想在过去某一个特别时刻中发生的重要事件,可促进参与者思考现在与过去之间的联系。
	新闻联播	以新闻报道的方式去演示正在发生的事件的内容,让参与者从不同视角去审视问题。
	广告时间	为戏剧故事中重要的物件做一段广告,让参与者加深对身份的认同感,激发参与者继续探索故事的兴趣。
	重要时刻	对故事中的重要或具有转折意义的时刻进行定格演绎,帮助学生思考问题,理解情景。

续表

类型	策略	实施方法
叙事性活动	教师入戏	教师进入故事情景中,成为故事中的某一个角色,与参与者产生即兴互动,推动故事情节发展。
	专家外衣	给其中某一个或几个参与者一个专家的身份,带着"可能"有效的方法去帮助故事中的角色去解决问题,从而让参与者主动去探索方法的有效性,深入探究。
	会议	参与者以角色的身份参加会议,听取咨询、筹划行动、讨论问题解决方案等。
	电话交谈	可以是两人在电话中的交谈,也可以利用一方的谈话内容,推测另一方的情况,以推动后续故事情节的发展。
	角色写作	让参与者以某一角色的身份去写一封信、一篇日记等,让参与者置身其中,充分体会角色的处境,在情境中思考问题的解决。
	论坛剧场	参与者共同讨论处于某一情境的事件,讨论结束后由一组进行演绎,在演绎过程中,一旦有参与者认为剧情偏离方向或问题解决方式出现偏向,可举手示意提出意见、要求重演或者取代出现问题的参与者成为新角色。

(三)诗化活动的教学策略

诗化活动的教学策略主要帮助参与者理解戏剧艺术中的艺术符号与意象。它可以让参与者超越戏剧的故事情节,探讨及表现作品中的符号与意象。诗化活动的教学策略可以引导参与者超越故事情节,或跳出现实主义的叙事手法,从不同的角度看待与检视人物特征及事件发生过程等,可将逐渐流于故事情节层面的作品带出鲜活感。常用的教学策略有"仪式""创意写作"等,见表3-3。

表3-3 诗化活动教学策略实施

类型	策略	实施方法
诗化活动	仪式	创作合适的仪式和典礼,让剧中角色透过庆祝来标注重要的时刻或事件。
	集体写作	以小组的形式集体创作一首诗或一幅画,用文字或图像回应待定的主题或问题。
	创意写作	个人创作一首诗或一幅画,用文字或图像回应待定的主题或问题,可促进参与者对所思考的主题进行进一步的升华。

（四）反思活动的教学策略

反思活动是指戏剧进行中或者结束后，引导学生抽离出演出状态反思戏剧过程的活动。通过反思活动，参与者对戏剧中的关键要点、角色、核心思想等做出评论，亦可借反思活动深入了解角色人物内心的想法，对角色所面临的两难困境，提供解决意见。常用的教学策略有"良心巷""思绪追踪""观点与角度""脑海中的声音"等，见表3-4。

表 3-4　反思活动教学策略实施

类型	策略	实施方法
反思活动	良心巷	当角色面临两难的问题或抉择时，会让该角色走过两旁站着同学的中间通道，当角色走过时，站着的同学会以自己或角色中的身份提出建议。
	思绪追踪	配合静止画面，当教师碰触某学生肩膀时，该生说出此时此刻的想法和感受。
	观点与角度	根据自己对主题的理解，站定在教师给出的选择线上，以站立的位置来表达参与者选择的差异与喜好程度，在学生站定后教师要询问选择理由。
	脑海中的声音	角色在面对困境或抉择时，其他同学说出隐藏在角色心中的矛盾想法，持有不同观点的同学也可以进行辩论。
	坐针毡	角色坐在圈的中间，接受其他参与者询问关于角色所经历的问题或事件，以探索该角色的内心世界。

第二节　教育戏剧教学策略的实施

教育策略的使用需要教师根据参与者的身心发展特点、学习特点，结合主题内容的需要，进行选用。而教学策略的使用较为宽松，虽然对各类策略进行了分类，但可以根据教学需要以及教师的灵活设计而交叉使用，没有先后顺序与层次高低之分，其最终目的是服务于教学目标的达成。

> **一、建立情景活动的教学策略使用示例**

建立情景活动的教学策略，既可以放在教学导入之时，用于帮助参与者理解故事发展的前提、背景以及接下来要讲述的故事的角色或情节等，也可以用在教学活动实施的中间，用于帮助参与者理解逐渐加深的故事情节走向。

（一）戏剧游戏

戏剧游戏，就是以游戏的方式使参与者对故事中出现的重要角色、物件等有一定的预备性思考，同时提升参与者在游戏中的创新、想象、认知、交往等能力。后续戏剧情景中出现的重要物品，会成为游戏中的重要要素，串联起游戏的整个过程。戏剧游戏没有特别固定的游戏方式，教师既可以选用常见的戏剧游戏活动，也可以根据教学主题自行设计戏剧游戏。表 3-5 为幼儿园中使用较普遍的几种戏剧游戏的方法。

表 3-5　幼儿园中常用的戏剧游戏

游戏名称	游戏方式	目的
跟踪游戏	找好目标伙伴，不能让他发现被跟踪，与他维持十步左右距离，随音乐自由活动，暂停后请某幼儿猜猜是否自己被跟踪。	肢体开发 关注同伴 合作
对话外星语	两人一组，选择以动物或者其他独特声音对话，练习结束后，让两人分享练习历程。	声音表现 合作
北风和太阳	将幼儿分两组：北风组和太阳组。当北风组出现时，请该组学生表演北风，其他同学进行北风下的动作设计，进行临场表演；当太阳组出现表演太阳时，另一组则表演太阳下的人们等。	肢体开发 即兴表演 关注同伴
石头王国	介绍前往"石头山"的情境，当教师说"石头人，碰"，所有人变成"石头"在原地不动，当"开始"后，根据教师的手势进行从强到弱的踏步或者走路。	肢体开发 即兴表演 关注同伴
肢体百宝箱	根据百宝箱里摸到的物品进行合作的肢体创造，如剪刀、杯子等。	肢体开发 即兴表演 关注同伴
咕噜照相机	以传布偶的方式决定拍照对象，其他同学为拍照的人，在咒语"咕噜噜、淅沥沥，聪明的孩子都有一台照相机"后，进行即兴创作设计。	肢体开发 合作 关注同伴
空间变变变	4~6 人一组合作用肢体创设生活情境，如卧室、教室戏剧环境等。	肢体开发 戏剧创作
魔镜	一个幼儿当"镜子"，一个当照镜子的人，进行动作模仿。扮演照镜子的人做什么动作，扮演"镜子"的幼儿就要做一样的动作。	肢体开发 合作 关注同伴
身体打招呼	用不同的肢体部位与另一个幼儿打招呼。	肢体开发 即兴表演

游戏名称	游戏方式	目的
123 木头人	当教师说出"123"之后,幼儿要定格当前动作变为木头人。当教师再下一次指令后,幼儿可以活动,依次重复。	肢体开发 即兴表演 肢体控制
线条图案	几名幼儿合作完成规定的线条造型,如一个圆、一个三角形等。	肢体开发 即兴表演 合作
影子游戏	用手表现影子,展现手部动作的创作。	肢体开发 关注同伴

例如,在大班戏剧活动"我变成了喷火龙"中,教师为让幼儿们对即将出场的戏剧角色有一定的认识,在教学导入时,使用了自行设计的戏剧游戏"蚊子、大象、喷火龙",玩法如下:

所有幼儿围成一个圈,教师站在圈的中间,教师说出游戏要出现的三个角色,分别是蚊子、大象和喷火龙,随后引导幼儿联想:三个小朋友如何分别扮演这三个角色,在让幼儿掌握这三种动物的合作表演的方式后,正式进入游戏。教师会指定其中一个幼儿,并说"大象",该名幼儿左右两边的同伴就要与该名被指定的幼儿一起表演教师指令中的动物。合作表演结束后,继续循环这一过程。

(二)旁述引导

在戏剧活动中,教师需要建构戏剧故事的情景和引导故事的走向。为保证所有幼儿能够理解故事内容,投入戏剧创作,教师需要运用口语提示的方式,选择恰当的词语,且语句组织要精练优美,运用生动且形象的词语或语句刺激幼儿发挥想象,铺陈故事情景与内容走向。也可以让幼儿边听故事边进行即兴的肢体表演,也可以加入音乐、动画等帮助幼儿烘托故事讲述的气氛,加深对戏剧故事情节的理解。该策略让故事的讲述变得更加多元和丰富,更能吸引幼儿进入戏剧情景,能够对出现的角色产生认同感等。该方法的使用如下:

第一,启动故事内容,引导幼儿进入故事情境。在戏剧活动开始前,教师需要运用语言或者道具为幼儿建构故事的情景,帮助幼儿理解故事发生的开端与背景。

第二,进行故事的衔接提示。一方面,当故事的前一情景中的内容结束后,教师需要将故事转到下一个情景中时,教师采用旁述引导进行故事走向的转折,提示幼儿故事进入下一个环节。另一方面,由于特殊幼儿的记忆有一定的局限性,容易忘记故事某片段的情节,教师可以适时使用旁述引导提醒幼儿。

第三,帮助特殊幼儿融入故事情景。在戏剧活动中,故事情景的构建有助于幼儿理解故事情节,发挥想象力,但是通常故事情景都是以抽象的方式存在在幼儿的想象中,所以在戏剧活动中,教师可以通过引导幼儿肢体创作并与同伴合作,将幼儿想象中的故事情景建构出来。

第四,引导故事结束。通常在戏剧活动中,幼儿们在宽松愉悦的环境中,都能获得饱满高涨和兴奋的情绪体验,当故事结束时,教师需要将幼儿的兴奋情绪进行"平复"。在故事结束前,教师通常通过旁述引导的方式让故事从情节激烈的"张力"情绪中逐渐走向"平缓"。

例如,在小班戏剧活动"请问你是女巫吗"中,讲述小黑猫没有朋友的故事,故事开头主要的情绪基调是孤单和难过的,所以教师选择了具有孤单气氛的轻音乐配合故事的讲述。通过音乐对孤单气氛的烘托,每个幼儿的表情都是凝重的,幼儿的眼神和动作都表现出自己对小黑猫孤单的同情,这是在音乐的强大感染力下,幼儿对黑猫的孤单处境的一种感同身受。在该活动中,课堂的整体氛围都被黑猫所牵引着,音乐和教师的讲读让儿童的情绪和感受得以调动,形成了共情且感人的课堂氛围。

(三)镜像

镜像策略的使用,可以增强普通幼儿与特殊幼儿之间的互动和对彼此的关注。在实施中,一个幼儿扮演照镜子的人,一个幼儿扮演镜子中的人,扮演镜子的人可以不断变换动作,与"照镜子"的人进行即兴互动。

例如,在"老鼠娶新娘"活动中,镜像策略的使用既推动了故事的发展走向,也让干预过程变得生动有趣,充满互动,实施如下:

教师(戴上老鼠头饰,入戏扮演村长):我有一个女儿,她的名字叫美叮当,她现在长大成人了,该嫁人了,我应该把我的女儿嫁给谁呢? 我有三个要求,第一个要求是,这个小老鼠必须是一只爱干净的小老鼠。

教师(出戏):老鼠村长说什么样的小老鼠才能娶美叮当?

幼儿:爱干净的小老鼠。

教师:那我们赶紧去照照镜子吧,看看我们是不是爱干净的小老鼠。

(教师要求每个幼儿找到一位同伴,两人分别扮演照镜子的"人"和镜子。)

教师(旁白口述):早上起床,伸个懒腰,现在去刷刷牙,刷牙之前我们先来检查一下自己的牙齿吧,露上牙,露下牙,露出所有的牙,小老鼠对自己整整齐齐的牙齿很满意地笑了笑。接下来,拿起牙刷,挤上牙膏,露出所有的牙齿,左刷刷,右刷刷,上刷刷,下刷刷,好多的泡沫呀,现在漱漱口吧。接下来要洗洗脸,脸蛋儿白白的,才是一只可爱的小老鼠……

(四)视觉艺术

视觉艺术是在戏剧活动的开始、中间或结尾的部分,引导幼儿通过绘画、手工制作等方式去创作与主题相关的内容,帮助幼儿延伸出关于主题的更多、更深层的思考,加深幼儿对戏剧故事的认同感,所做物品也可作为戏剧活动中的道具或戏剧活动结束后的幼儿展览作品。

例如,在戏剧活动"下雨一定出彩虹"中,教师为让幼儿感受雨滴的美丽,事先为每名幼儿准备一张画有正在下雨的图片,为幼儿提供彩笔等绘画材料,引导幼儿为每一滴雨滴进行彩绘和装饰。教师也可以事先准备一些彩绘的图样供幼儿参考来装饰雨滴。幼儿装饰结束后,将所装饰的雨滴一一粘贴在教师准备好的一大片乌云之下,共同组成各色各样的雨滴从天空落下的美丽场景。

在戏剧活动"千万别让鸽子开巴士"中,教师采用的是与上述同样的方法,通过幼儿在教师事先用箱子做好的"巴士"上面进行彩绘,塑造出五颜六色、丰富多彩的巴士形象,引导幼儿感受鸽子喜欢开巴士的原因。

(五)定格画面

该策略是指参与者以肢体创作的形式,呈现戏剧情境中的一个重要事件或瞬间。在实施中,幼儿可以根据教师的要求,对某一场景进行肢体塑造,然后像静止的"雕塑"一样呈现在教师与其他幼儿面前,表达自己以及小组对该主题的理解和思考。此外,该策略也可以发生在一系列的动作过程中,当教师下指令"停"时,幼儿的动作将保持在正在做的这一动作上。这种方法类似于"木头人"的游戏,不同的是,教师随后会走到幼儿面前,引导幼儿说出当下自己的感受或想法。定格的目的一方面可以让幼儿对当下的动作有更深的思考和创意,另一方面可以通过定格中的不确定性指令,让幼儿感受到游戏的刺激性,增加活动的趣味性,以使幼儿更有参与活动的兴趣。

例如,在"野兽国"戏剧活动中,故事中的麦克斯在野兽国中与野兽大闹了三天三夜,为了展现野兽们与主人公麦克斯的狂欢活动,教师在一段节奏欢快的音乐中,引导幼儿想象自己就是麦克斯,自己在森林中与野兽无忧无虑玩闹的场景。当教师下令"停"时,全班幼儿要立即静止,并保持安静。每一次静止和安静后,当幼儿再次舞动时幼儿会更加热烈和积极。

在戏剧活动"我和我的好朋友"中,教师将全班幼儿分为四个组,分组后,教师发给每组幼儿印有故事情节的图卡,幼儿根据图卡中的情节,用肢体搭建或表演出这一要求性的情景,并静止该情景。四组情景串联起来就勾勒出了故事的整体故事线,将故事的内容直观地呈现在所有幼儿面前。

在戏剧活动"女巫与她的饼干"中,讲述了女巫让被她抓住的小动物均变成了各种形状的饼干,女巫每天都会去院子里检查自己的"动物饼干"。当女巫背向后面的"动物饼干"时,扮演饼干的幼儿可以进行活动,被允许做任何动作,但这些动作均不能被女巫发现,一旦发现就要离开该游戏。因此,当女巫每次背向后面的"动物饼干"时,处于后方的幼儿可任意活动,前方的"动物饼干"就要保持动作静止;但当女巫转身时,背后正在做动作的幼儿就要马上"定格",之前在前方的幼儿可以活动,以此循环。

> **二、叙事性活动的教学策略使用示例**

(一)旁述默剧

这一引导技巧类似于"旁述引导",这两种方式均是由教师一边口述故事,一边请幼儿根据自己对故事的理解和想象用肢体表演故事。但是旁述默剧通常是以改编的完整故事为基础的,而旁述引导只是教师在戏剧活动中随机的、片段式的口头引导。

例如,在"小种子"活动中,教师在与幼儿讨论了如何用肢体变大和变小,以及将这样的变大变小策略用到游戏"大大小小"中之后,即为幼儿提供了所有的关于小种子如何成长为大树的先前经验。在活动的最后一个环节时,教师伴随音乐讲述故事,幼儿需要根据教师的讲述,根据之前的学习经验,自主表演小种子的成长过程。所有的幼儿在教师的口述和支持下,均能进行表演。

教师在该故事的陈述中,将《小种子》绘本故事进行了改编,内容如下:"秋天到了,大风把一颗小种子吹到了天空中,风儿要把小种子吹向很远很远的地方,小种子被风吹得好高好高,越来越高,最后大风把这颗小种子带到了一片沙漠中……经过了几个月,雪化了,春天要来了,在春风的吹拂下,小种子又长大了一点。天上开始下起了小雨,细雨轻轻地落在小种子身上,好舒服啊,小种子张开嘴巴,喝了好多好多的水,变得圆鼓鼓的,它要开始发芽了。它推了推身边的泥土,撞开身边的小石头,把身子使劲挺一挺,使劲地从泥土中钻了出来……小树苗越长越高,越长越高,最后长成了一棵大树。"

(二)教师入戏

教师入戏是戏剧教学中常用的技巧,通常教师会进入戏剧情景,通过扮演某一个重要角色以推动故事情节的发展,以达成活动的目标。

教师入戏的主要目的有两个:其一,教师扮演某一个重要角色促成幼儿之间的活动,如合作活动、讨论活动等。教师通过剧中的角色去"说话",刺激幼儿跟班级内不同的同伴接触和完成活动任务。例如,在戏剧活动"老鼠娶新娘"活动中,故事中的小老鼠美叮当被大黑猫抓走了,幼儿想了各种办法去救美叮当均失败了,教师为了能够让幼儿理解合作力量大、只有团结一致才能战胜比自己力量更强大的角色,教师在其中使用了教师入戏扮演大黑猫的方法,表演出大黑猫的厉害和凶猛,从而刺激幼儿主动去找同伴合作,一起解决问题。

其二,在幼儿的戏剧活动中,经常会出现幼儿对某一个环节的内容过于喜欢而一直停留在这一环节的现象,为了推动故事情节的发展,教师可入戏扮演新的角色带动幼儿进入新的故事情景中。例如,在"请问你是女巫吗"活动中,幼儿对孤单的小黑猫非常同情,每一个幼儿都要安慰并拥抱小黑猫,教师为了推动故事发展,入戏扮演女巫,引导幼儿继续探索故事中如何帮助小黑猫寻找女巫,从而推动了小女巫和大女巫与黑猫之间的互动和故事情节的发展。

(三)广告时间

该策略是为戏剧故事中重要的物件做一段广告,让参与者加深对身份的认同感,激发参与者继续探索故事的兴趣。在该策略实施前,教师可事先以图片的方式准备好需要幼儿去做广告的物品,如果幼儿的年龄较小,认知能力不足,教师可以准备好固定的广告式句式,让幼儿根据自己组的物品图卡进行广告词的填充即可。在该策略的实施中,教师可以根据幼儿的认知、语言、思维等特点,逐渐加深难度或降低难度,尤其对特殊幼儿来说,需要提供更多的视觉类提示、教师的帮助、同伴的帮助等,让特殊幼儿可说出完整的广告句子。

例如,在戏剧活动"懒汉木兵未"中,木兵未的脑袋上分别长出了柿子、蘑菇、金鱼等,木兵未去街市上售卖这些物品。在这个环节,教师事先做好了三件物品的图卡,分别是会越长越大的柿子、吃了保持年轻的神奇蘑菇以及漂亮多彩的金鱼,将全班幼儿分为三组后,每组幼儿要分配由哪些幼儿表演这一个物品,哪一位幼儿进行广告解说,分配结束后,给幼儿5分钟左右的时间进行讨论和创作,教师与辅助教师分别要进组进行指导和关注每一组幼儿的创作进度,并及时关注特殊幼儿在其中的参与状况,进行适时的指导。幼儿准备结束后,负责进行广告推销的幼儿开始解说这一个物品,负责表演这一物品的几名幼儿需要根据该"推销员"的解说进行表演。随着幼儿对该策略的使用越来越熟练,教师还可以增加让每一组幼儿讨论出一句广告语等环节。

其中,在特殊幼儿进行"会越长越大的柿子"的广告推销时,教师在各组巡回指导中,就要给该特殊幼儿大量的视觉提示,分别是柿子的图片(今天我给大家推销的是柿子)、一只手的图片(摸起来的感受)、鼻子的图片(闻起来的气味)、嘴巴的图片(吃起来的味道)等,幼儿可根据图片的顺序来对该物品进行介绍。

（四）故事圈

该技巧的用法是教师就某一个故事情景，一边口述故事，一边通过"信号"（敲棒棒鼓或者挥棒）方式自主决定上前来扮演教师所提到的角色和故事的幼儿，幼儿根据教师的口述内容进行扮演和创造。这一技巧的使用，对于促进幼儿之间关注同伴、同伴合作、自主决定等具有积极的意义。该策略的顺利使用需要教师事先与幼儿进行多次的策略练习，让幼儿逐渐建立起该策略的游戏规则和默契。以"懒汉木兵未"为例，教师将该故事中的主人公木兵未脑袋上长出池塘的这一个情景进行了故事棒的实践，口述引导内容如下：

> 木兵未的脑袋上竟然长出了池塘，这是多么神奇的事情啊！在这个池塘中，有一条小鱼游来游去（**教师挥棒，一名幼儿自主上前扮演小鱼**），这边还有两条小鱼，他们在比赛游泳呢（**教师挥棒，两幼儿扮演小鱼**）。小鱼旁边是三只小螃蟹，他们好像在打架呢（**教师挥棒，三名幼儿扮演螃蟹**），还有一群小虾也在池塘中觅食呢（**教师挥棒，没有数量控制，幼儿自愿上前表演小虾**）。这个池塘里除了有小动物，还有正在水里飘舞的水草，水草很优雅地在水中飘来飘去（**教师挥棒，没有数量控制，幼儿自愿上前表演水草**）。多么美的池塘啊，突然，远方传来一阵"呱呱呱"的声音，哎呀，不好，来了一群野鸭（**教师挥棒，没有数量控制，幼儿自愿上前表演野鸭**）。

> ## 三、诗化活动的教学策略使用示例

（一）仪式

该策略是教师引导幼儿创作合适的仪式和典礼，让剧中角色通过庆祝来标注重要的时刻或事件。该策略将日常生活中的某些群体性的仪式融入教学活动中，让更多的参与者参与其中，通过合作，建构默契的团体。

在"老鼠娶新娘"戏剧活动中，该故事在一个充满着中国民间特色的氛围中展开，从老鼠嫁女的传统歌谣到中国婚嫁民俗仪式的展示，如抛绣球、抬花轿、搬嫁妆、新郎新娘拜堂等，处处体现了浓浓的民间文化特色。在这个活动中，如何将这样的民俗仪式融入幼儿的戏剧扮演中，对于幼儿理解故事、理解中国的传统文化具有重要意义。

在该戏剧活动设计中，教师可选取具有浓厚民间特色的唢呐音乐《抬花轿》，在朗朗上口的儿歌中开始了戏剧情景的营造。在活动中，教师通过引导幼儿间相互合作，进行"老鼠嫁女"仪式的创造和表演。仪式包括了新娘坐花轿、抬嫁妆、吹唢呐等环节。有幼儿扮演观礼的村民，有幼儿扮演抬轿子的小老鼠、吹唢呐的小老鼠等，所有幼儿在

这一仪式氛围中感受喜悦的气氛。

（二）创意写作（绘画）

该策略一般用于戏剧教学活动的结束。在实施时,教师引导幼儿个人创作一首诗或一幅画,用文字或图像回答待定的主题或问题,可促进幼儿对所思考的主题进行进一步的升华。

在戏剧活动"懒汉木兵未"中的结束部分,教师讲述到懒汉木兵未最后在睡梦之中被野鸭带上了天空。故事讲述到这里时,所有幼儿的神情都是凝重的,幼儿不知道接下来那么懒的木兵未在被野鸭带上天空后会摔下来,还是会一直跟着野鸭飞行,他在天空中如何生活,等等。就该故事的结尾,幼儿提出了很多种的猜测和对木兵未的担心。教师在这一基础上,引导幼儿对木兵未讲一段话,可以表达对木兵未的关心、好奇等,由教师将幼儿的口头语言转化为文字。教师还可以引导幼儿为木兵未画一幅画,将自己想要表达的内容在绘画中进行呈现。

> 　四、反思活动的教学策略使用示例

（一）坐针毡

该策略是让角色坐在圈的中间,接受其他参与者询问关于角色所经历的问题或事件,以探索该角色的内心世界。通常在戏剧活动的最后阶段使用,让一名幼儿坐在幼儿中间,接受大家对角色的询问。通过这样询问的方式探索角色的内心世界。

例如,"野兽国"活动的坐针毡环节实施实况如下:

幼儿1:你见到了野兽国的野兽,他们都长什么样子?

麦克斯:长得吓人,会吃人的样子。

幼儿2:你去野兽国见了那么多野兽,你怎么做呢?

麦克斯:我是去当国王的。

幼儿3:你是哪里来的小孩?

麦克斯:我是地球来的。

幼儿4:你在家为什么不听妈妈的话?

麦克斯:我想让这里变成大怪物王国。

幼儿5:你为什么捣蛋?

麦克斯:因为妈妈不让我玩,让我回房间。

……

（二）良心巷

将全班同学分为两列,两列间的空间就像一条"巷子",其空间足够一人穿过。让角色穿过巷子,班上的其他人在角色经过自己身边时,对角色说出自己的建议或者此时此刻的想法。这一策略对于特殊幼儿有一定的难度。在实践中,教师可以在特殊幼儿身边让他们重复别人的建议或者教师提供的建议。

例如,在戏剧活动"野兽国"中,麦克斯在森林中与野兽们度过了非常开心的一段时间,他离家越久,就越想念自己的家人,但他同样舍不得离开森林中可爱的野兽们。在此环节中,教师进行了良心巷的教学策略,一侧的幼儿需要在角色走过自己身边时列出"需要回家"的理由,而另一侧的幼儿需要在角色走过自己身边时列出"不能回家"的理由,当扮演麦克斯的幼儿走过两侧的"巷子"时,会接收到不同的声音和观点。最终走完"巷子"后,教师需要引导该名扮演麦克斯的幼儿说出自己的决定和理由。

(三)思绪追踪

该策略配合幼儿的静止画面进行。当幼儿在静止动作时,教师以轻拍幼儿肩膀的方式,请幼儿说出此时此刻对扮演这一角色的想法和感受,此策略可以与"定格画面"策略一起用。例如,在"大象戏水"活动中,所有由幼儿扮演的小动物在都池塘中玩耍,正当幼儿们表演"大象用长鼻子吸走了池塘中所有的水"这一部分时,教师让所有幼儿的动作定格,分别让扮演大象的幼儿和在池塘中游戏的幼儿说出此刻的想法。

教师(走到大象身边):你现在心里有什么想法?

大象:我吸走了所有的水,好凉快啊。

教师(走到原来在池塘中游戏的动物身边):大象吸走了水,你的想法是什么?

动物1:我很难过,我们没有水了。

(教师走到小动物身边,逐一以轻拍他们肩膀的方式,让他们表达此刻的内心感受。)

动物2:我很生气。

幼儿3:我在想办法,怎么让大象把水还回来。

幼儿4:我只能回家了,池塘没水了。

幼儿5:我很难过,要哭了。

> 五、相关案例展示

戏剧教学策略在活动设计中可以根据活动的目标和内容进行灵活使用。本部分内容将呈现出"1只小猪和100只狼"和"巨人的花园"在教学过程中戏剧教学策略的使用方法。

（一）"1 只小猪和 100 只狼"的戏剧教学设计

【教学对象】

普通大班幼儿 20 名,特殊大班幼儿 4 名,主要为智力障碍儿童和自闭症儿童。

【活动目标】

普通幼儿活动目标:

(1)能用流利的语言说出自己对狼和小猪形象的认识。

(2)能根据故事的推进,想出问题的解决办法。

(3)能在教师的引导下,说出绘本中小猪与狼的形象与自己认识中的有哪些区别。

(4)能积极参与课堂活动,在活动中感受到乐趣。

特殊幼儿活动目标:

(1)能说出自己对狼和小猪形象的认识。

(2)能根据故事的推进,为解决问题提出建议。

(3)能在教师的引导下,说出绘本中小猪与狼的形象与自己认识中是有区别的。

(4)能在课堂氛围的影响下感受活动的乐趣。

【活动准备】

小猪头饰、狼头饰、小猪图卡、狼图卡、音乐。

【活动过程】

第一课时　引入故事情景

1.热身活动:跟踪游戏

所有幼儿围成一个圈,引导每一名幼儿悄悄选择一位小朋友作为模仿对象,跟随音乐模仿所选择对象的全部动作。音乐结束后,幼儿在教师的引导下猜测自己被其他哪位幼儿模仿。跟踪游戏可加强同伴关注,活跃课堂气氛。

2.介绍角色,分配角色扮演

认识狼和猪的图片、玩偶,并推选 8 名幼儿(包括普通幼儿及特殊幼儿)扮演狼,1 名幼儿(普通幼儿)扮演小猪,其他幼儿(包括普通幼儿及特殊幼儿)作为小猪的"智囊团",各幼儿根据扮演角色戴上相应头饰。

3.角色与剧情讨论

(1)幼儿围成一个圈,分别分享自己对狼和猪的认识。

（2）幼儿一起讨论当狼和猪在一起时会发生什么,教师引导扮演狼和猪的幼儿将讨论出来的情景用动作和语言表现出来,其他幼儿观看并提出建议。

4.进入故事

看绘本封面,引入故事情景,听教师讲述100只狼已经好几天没吃东西了,非常饿,一只小猪正好走过来(观看绘本图画)。

5.时光闪回

扮演狼的幼儿一起讨论狼群为什么一直饿肚子;扮演小猪的幼儿与小猪的智囊团讨论小猪为什么出现在这个地方(可能会与幼儿对"聪明的狼"和"憨厚的小猪"本来的认识产生冲突)。

第二课时　发现冲突,解决问题

1.旁述默剧

教师旁白,展示故事情节,幼儿根据相应扮演的角色呈现剧情原貌。

100只饿狼躲在大树后面,焦急地等待小猪走近。小猪一蹦一跳地走进林子,期待着……(上节课幼儿的猜想),小猪与狼群越来越近,越来越近。突然,狼群从树后面出现,看着小猪,小猪吓了一大跳:"哇呜! 大……大灰狼!"小猪深吸一大口气,转身向树林外跑去。狼群紧跟着小猪跑出来:"冲啊,弟兄们!"小猪哒哒哒哒哒哒向前跑,大呼:"救命呀!"狼群咚咚咚咚咚咚在后面追,大喊:"站住!"小猪和狼群一追一赶,绕过了大半个树林,穿过了小河,翻过了山丘,跑了好远好远。终于,狼群把小猪围住了,小猪背靠着大树被困在了狼群中间。狼群跑了这么远更饿了,现在终于追到了小猪,一定要大吃一顿。可是,100只狼,只有1只小猪,要怎么分才能让每一只狼都吃饱呢?

2.发现冲突:思路追踪

定格在小猪被狼群围在中间的画面,教师先触碰小猪的肩膀,扮演小猪的幼儿展现自己的想法(焦急、害怕、不知所措……),教师再触碰不同狼的肩膀,扮演狼的幼儿展现自己的想法(可以怎么分、害怕自己吃不饱)。

3.解决问题:"会议"

（1）狼群"会议"——扮演狼群的幼儿聚在一起讨论100只狼分1只小猪要怎样才能让每一只狼都吃饱,并给出解决方法。

（2）小猪"会议"——扮演小猪的幼儿和小猪的智囊团聚在一起讨论小猪要怎么样才能安全逃离狼口,给出具体解决方法。

4.情景表演:狼群与小猪的结局

回到小猪被狼群围住的情境,并将自己组讨论出的方法以语言和行为的形式表演出来,呈现出幼儿自己想象中小猪被狼群吃掉或小猪顺利逃脱的情景。

5.反思活动:"新闻联播"

(1)狼界"新闻联播":扮演狼的幼儿作为一个小组,策划一场狼界的新闻联播,从狼的视角讲述本次事件(绘本中的故事发展)。

(2)猪界"新闻联播":扮演小猪的幼儿与小猪的智囊团作为一个小组,策划一场猪界的新闻联播,从小猪的视角讲述本次事件(绘本中的故事发展)。

6.拓展绘本阅读

教师与幼儿共读绘本《1只小猪和100只狼》,了解绘本中的结局。

100只狼想啊想,想啊想,终于想出了一个办法:叫小猪回去叫100只猪来不就好了吗,这样每一只狼都能吃到一只小猪,那每一只狼都吃饱了。于是狼对小猪说:"喂,小猪! 现在,你去叫100只小猪到这里来! 是100只哟! 要是你叫来了100只小猪,我们就不吃你了。你听明白了吗? 我们可在这里等着哟……"大灰狼们笑嘻嘻地冲小猪挥了挥手。

小猪终于从大灰狼的包围圈中走了出来,小声地哼了一声,在心里想"我才不会回来呢",飞快地跑走了。小猪哒哒哒哒哒哒飞快地跑,一路跑回了自己的家里,说:"终于安全了。"小猪吃了美味的晚餐,洗了个澡,美美地躺上床睡觉了。

大灰狼们从小猪走后就一直在原地等着,等待着小猪带着100只小猪过来,饱餐一顿,可是等呀等呀,等呀等呀,等到天都黑了,也没有看见小猪回来。"怎……怎么还没来? 这只小猪也太慢了。"

(二)"巨人的花园"的戏剧教学设计

【教学对象】

普通中班普通幼儿18名,特殊幼儿3名,特殊幼儿主要为自闭症儿童。

【活动目标】

普通幼儿活动目标:

(1)幼儿根据所给的物品想象故事情节,锻炼儿童的想象力。

(2)幼儿在活动的过程中学会跟其他幼儿合作互动。

(3)幼儿在活动中体验"巨人"的性格变化从"自私"转变为"分享",知道自私是不好的行为,并感受分享的快乐。

特殊幼儿活动目标:

(1)在活动过程中幼儿能够积极参与,并与其他幼儿合作。

(2)幼儿知道自私是不好的行为,分享才是好的行为。

【活动准备】

巨人和小孩子们的图片、绘画纸、水彩笔等。

【活动过程】

1.热身活动:猫咪转圈圈

全班扮演猫咪,跟随音乐转圈圈。通过游戏的方式进行课前热身活动,锻炼幼儿的合作能力和运动能力,并且吸引幼儿的兴趣,提高课堂的参与度。

2.见物识人:了解巨人的性格

采用"见物识人"的方式让幼儿发挥想象力,根据拿到的巨人的物品,引导幼儿讨论巨人是怎样的一个人。

再结合主人公的性格特点拓展故事情节,让角色更加饱满,使幼儿更加熟悉该角色的特点。

3.构建情景:引入故事情节

以"墙上角色"的方式把具有性格特点的"巨人"和"小孩子们"的图片贴到墙上,引导幼儿对"巨人"的性格特点和他与"孩子们"之间发生的故事情节进行思考:

(1)说一说"巨人"的特点。

(2)猜一猜"巨人"和"孩子们"之间会发生什么样的故事。

将全班幼儿分为三组,每组一名特殊幼儿,教师提前准备好"巨人"和"孩子们"的图片,发给各组,要求幼儿组内讨论后总结出"巨人"和"孩子们"的特点,可以说出来然后用简单的肢体语言表演。

再根据总结出的特点让幼儿猜一猜他们之间会发生的故事。

第二~三课时　感受自私与分享

1.讲述故事的发生

采用"故事圈"的教学策略,教师与幼儿一起即兴表演故事,故事情节如下:

从前,有一个巨人,他有一座美丽的花园。一天,巨人的朋友邀请他去做客,巨人便出远门去了。

巨人走了很久都没有回来,孩子们每天放学后都会到巨人的花园里去玩耍。花园的草坪又绿又软,就像地毯一样。草地上开满了可爱的小花,如同天上的星星。花园里还有十二棵桃树,春天的时候,它们会开出粉色的小花。秋天的时候,树上结满了又大又甜的桃子。小鸟在树上唱着歌,孩子们在花园里尽情地做着游戏。

就这样过了七年,巨人突然回来了。他走进花园,看到许多孩子正在花园里玩耍。"你们在干什么!"巨人生气地说。孩子们被他凶巴巴的样子给吓跑了(注:横线部分为幼儿进入故事圈中表演的内容)。

2.讨论"巨人"和"孩子们"见面之后的故事情节

出示前一节课情景构建中幼儿自己总结的"巨人"的性格特点,让孩子们分组讨论当"巨人"回到家之后会和"孩子们"怎么说、怎么做。"孩子们"还会不会再去花园?"巨人"又做了哪些事情?

3.即兴表演

设计结束后,以小组为单位邀请幼儿表演他们设计的"巨人"和"孩子们"的活动(表情、肢体、对话等)。

4.角色写作

幼儿以"孩子们"的视角写作(小组商量好以后说出来就可以),给"巨人"写信。

5.继续讲述故事的发生

采用"故事圈"的教学策略,教师与幼儿一起即兴表演故事,故事情节如下:

巨人在花园的周围筑起了一座高高的围墙。他又在墙边立了块牌子,上面写着四个大字"禁止入内"。从此以后,孩子们再也不来玩了,巨人一个人孤独地度过了寒冷的冬天。

春天来了,村庄里又开满了鲜花,小鸟又开始欢快地歌唱。可是不知道为什么,巨人的花园里依然是寒冷的冬天,每天都下着大雪,刮着狂风。巨人裹在毯子里,冻得瑟瑟发抖。夏天过去了,秋天也过去了。巨人的花园里永远是冬天。(注:横线部分为幼儿进入故事圈中表演的内容)。

6.时光闪回:巨人的花园里为什么永远是冬天

采用"时光闪回"的戏剧教学策略,呈现巨人的花园在过去一段时间里发生了些什么,让原本生机勃勃的花园现在永远是冬天。

7.讨论怎样才能让巨人的花园再次充满生机

(1)即兴表演:"巨人"在这永远是冬天的花园里会发生些什么事。

引导幼儿思考,并将其与之前生机勃勃的花园进行对比,体会自私带来的后果。

(2)寻找让花园重焕生机的方法。

教师引导幼儿思考:怎么才能让花园像以前一样生机勃勃、充满欢声笑语呢?教师对幼儿的解决方法进行记录。

（3）实验方法。

幼儿以小组为单位对"让花园重焕生机"的方法进行表演,并找到合适的方法。

8.情景表演:重焕生机后的花园里是什么样的

引导幼儿感受与别人分享的快乐,具体情景如下:

巨人拆了花园的围墙,拿走了"禁止入内"的牌子,他主动邀请孩子们到他的花园里玩。

巨人对孩子们说:……（幼儿自行补充）

孩子们对巨人说:……（幼儿自行补充）

他们一起来到了巨人的花园里,在漂亮的花园里欢乐地嬉闹玩耍。

第四课时　建构美丽欢乐的花园

1.集体绘画

引导幼儿画一幅花园的画,包括花园里的人和正在发生的事情。

2.分享

幼儿在班上分享自己画的内容,并讲述画的故事。

3.教师总结

美好的东西只有与别人分享才能展现它的美好,如果自私地占为己有就无法体现其美好。所以在生活和学习中,我们要主动与别人分享美好的东西,或许会有意外的收获。

第三节　教育戏剧的教学模式

教育戏剧的实施不仅体现为在戏剧活动过程中有固定的教学策略方法,还体现在它具有一定程序化的戏剧教学模式流程。该戏剧教学模式是在一定戏剧教学思想或教学理论指导下,建立起来的较为稳定的戏剧教学活动结构框架和活动程序[1]。

> ## 一、故事戏剧教学模式

故事戏剧教学模式(Story Drama)是教育戏剧实施中被广泛使用的模式之一。它

---

① 王琳琳,邓猛.西方教育戏剧的发展沿革与实施[J].比较教育研究,2019,41(3):87-94.

以故事或儿童诗等文学作品为教材内容或教学主题,引导学生进行互动式戏剧回应,学生除了学习语文方面的知识,更能学习戏剧与人文相关的技能与认知①。

首先,选取题材。题材来源于传说故事、名人轶事、小说、诗歌、影片或绘本等。其次,熟悉故事。通过教师朗读给学生听、儿童自由朗读、观看影片、引导学生创作故事等方式引导学生了解故事内容,便于学生轻松且快速地投入戏剧表演。最后,根据故事创作戏剧。参与者熟悉故事内容后,可通过探讨相关事件、寻求问题解决方案、延伸故事、创作潜在部分、呈现新问题或转换事件、创设新情境、发展更多人物、转变故事走向等方式,创作出故事内容或故事以外更多的内涵与层面,这是故事戏剧教学模式的重要环节②。

除此之外,林枚君根据教学实践将故事戏剧简化,将其归纳为故事之导入、故事之发展、故事之分享、故事之回顾、故事之再创五个阶段。无论研究者如何划分,故事戏剧都遵循了将故事或绘本作为剧本,在学生熟悉故事内容后,创作出故事中更多内容的实践规律。在实践中,教师可根据学生的特点、教学目标等进行灵活运用③。

> ## 二、角色戏剧教学模式

角色戏剧教学模式(Role Drama)以发现问题、发展问题、解决问题作为教学设计的基本思路,其特点是教师与参与者均在活动中扮演某一角色,目的在于引导学生在戏剧活动中掌握思维与语言的意义,能够以独立的思考、流畅的语言表达内心所想,以同伴合作打造学习共同体,最终解决问题。该教学模式经历一般说明、界定问题、发展问题、解决问题、复习五个阶段,与戏剧剧情发展的说明、动作上升、高潮、情节下降、结束五个阶段相吻合,可根据情节内容与教学设计进行多次戏剧活动。各阶段的实施要点如图3-1所示④。

> ## 三、过程戏剧教学模式

过程戏剧教学模式(Process Drama)运用事件发生、发展的情节序列作为教学思路,注重戏剧过程中参与者的参与体验与探索,故事的呈现发展也会从更加具有张力的部分开始⑤。首先,教师将最能够吸引学生注意的、戏剧张力最为浓烈的"中段"情节作为导入,介绍已经发生的事件,以吸引学生进入戏剧活动;其次,在教师的引导下,

---

① 张晓华,郭香妹,等.教育戏剧跨领域统整教学[M].新北:心理出版社,2014:9-11.
② 吕珮钰.教育戏剧"故事戏剧"教学模组融入生命教育议题之研究[D].新北:台湾艺术大学,2016:34.
③ 林枚君.创造性戏剧理论与实务[M].新北:心理出版社,2005:243-251.
④ 王琳琳,邓猛.西方教育戏剧的发展沿革与实施[J].比较教育研究,2019,41(3):87-94.
⑤ O'Neill C. Drama Worlds:A Framework for Process Drama[M]. Portsmouth:Heinemann,1995:1-3.

教师要帮助学生,通过调动想象、思考等共同扩展"前段"情节的细节,即前面发生了什么样的事情,才会导致中段事件的发生,并适时引导学生注意扩展出来的前段情节,需要与已知的"中段"情节之间具有合理的逻辑关系;最后,采用同样的引导方式,帮助参与者创作出"后段"结果,使三段情节串联成为完整的故事①。过程戏剧教学模式的基本流程如图 3-2 所示。

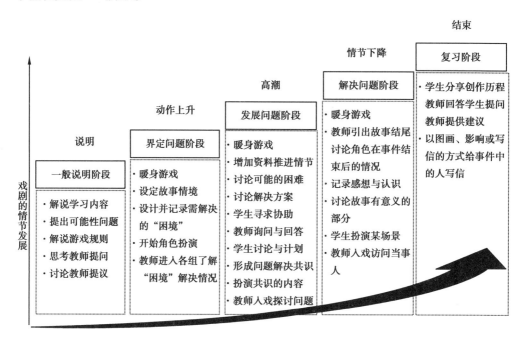

图 3-1　角色戏剧模式的基本流程

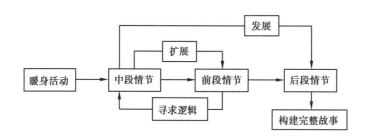

图 3-2　过程戏剧教学模式的基本流程

> ## 四、多元探究教学模式

多元探究教学模式(Compound Stimulus)也有研究者称之为"百宝箱"模式,由英国戏剧学者约翰·桑姆斯创立。该模式利用参与者的好奇心与寻找真理的心理,通过相

---

① 王琳琳,邓猛.西方教育戏剧的发展沿革与实施[J].比较教育研究,2019,41(3):87-94.

关却又不完整的资料或物品探究问题发生的原因与事件经过①。因此,教师在课堂开始之初就要提供问题发生的相关线索或物品,从这些证物中能间接地显示何人、何时、何地、因何、为何等相关因素。当这些因素被找寻与发现之后,通过学生的谈论与分析、对事件的推理等,以即兴创作的方式将可能出现的人物、事件、情节等重新进行塑造,并以戏剧扮演的形式予以呈现。

首先,教师入戏引导情境。教师叙述戏剧创作的开端,呈现与角色相关的一组物件。其次,教师引导学生探索戏剧情节。根据"百宝箱"中所呈现的物件,以小组合作的方式构建角色与事件。在角色方面,包括物件主人的住址、亲人、闲暇娱乐、工作与学习情况等;在事件方面,则包括事件的原因、困难、解决方案等。经过小组讨论后,每组确定四个静止画面以呈现情节的开始、上升、高潮与结束。再次,即兴创作。依据每组创作的四个静止画面,扩展故事片段,并将四个情节予以合理的联结。最后,各组分享创作中的理念、感受与评价②。

> ### 五、戏剧理解教学模式

戏剧理解教学模式(Learning through Drama)是由凯文·勃顿提出的。勃顿认为传统的戏剧教学包括即兴表演、剧本写作、舞台语言、肢体动作等,但仍有不足之处。戏剧教学除了培养学生的健全人格、建立信心、激发想象,还应该继续探究戏剧性的扮演延伸,运用戏剧的象征性动作与投射物,引导参与者在"信以为真"的戏剧情景中,进行有意义的思考与反思性活动,将戏剧教学的重点落在学习与思考之上。所以这种学习不只是由教师做口述情况来让学生去执行而已,而是要从学生的内在感觉、情绪和认知出发,结合肢体的外在表现与学习内容来建构知识③。以戏剧来帮助参与者理解学习,是以剧场的形式,在现实问题"问题解决"的戏剧结构基础上予以实践的,参与者与引导者需要在戏剧的结构中充分把握冲突、对比、张力等要素。实施过程具有决定行动、展开行动、融合三个阶段④。在该模式中,教师要维持议题的趣味性,融入必要的情绪与思考,引导学生努力投入情境中,并给予学生发挥与释放其经验的有效方式。

> ### 六、融合幼儿园教育戏剧模式的选择

教育戏剧的教学模式是针对全阶段学生的学习特点提出来的,尤其在后三种模式

① 张晓华,郭香妹,等.教育戏剧跨领域统整教学[M].台北:心理出版社,2014:9-11.
② 王琳琳,邓猛.西方教育戏剧的发展沿革与实施[J].比较教育研究,2019,41(03):87-94.
③ 张晓华.教育戏剧理论与发展[M].新北:心理出版社,2004:84-86.
④ Bolton G. Acting in Classroom Drama, A Critical Analysis[M]. Portland Maine:Calendar Islands,1999:92-105.

中,其实施过程是极具复杂性和难度的。

由于本次的主要教育对象为学前教育阶段的幼儿,尤其还包含了部分特殊幼儿,所以本书中故事戏剧教学模式从故事选材、熟悉故事到创作戏剧这三个环节均符合所有幼儿的认知与学习特点,更能吸引幼儿的兴趣,适合在融合幼儿园中进行。因此,本研究所进行的戏剧教学模式均是在故事戏剧教学模式基础上,根据特殊幼儿与普通幼儿的学习特点以及融合集体教学的教学特点等进行适当的调整,以保障所有幼儿能够融入其中。在本次教育戏剧的活动展示中,在故事戏剧教学模式基础上,共演化出故事戏剧教学模式、问题解决式戏剧教学模式、角色表演式戏剧教学模式、旁白口述式戏剧教学模式四种不同的戏剧教学的模式。具体的实施流程与案例详见后文所述。

第四章

融合幼儿园教育戏剧实践的理论基础

从教育戏剧的起源来看,教育戏剧并不缺乏在学校开展的理论土壤。洛克从"一切知识来源于经验"的命题出发,提出人类所有的观念都来源于身体感官获得的经验,通过感官获得的经验可在心智的白板上留下各种印记;卢梭从其"自然主义教育"理论视角出发,提出"由实作中学习""戏剧性实作的学习"两大教育理念,强调了身体活动对儿童概念形成和认识发展的作用;梅洛-庞蒂认为知觉的主体是身体,身体是知觉和学习的指挥者和执行者;杜威的"做中学"要求儿童身体力行地经历和体验隐藏于知识背后的奥秘,身体的动作对概念形成、逻辑推理等心智过程有着决定性的影响。

这些教育理论为我们阐释了身体与认知之间的密切联系,同时也为我们教育者重新思考在学前融合教育过程中,如何建构针对不同发展水平幼儿的有效教学方式提供了重要的理论启示与实践思路。本章将探索教育戏剧在融合幼儿园中开展的理论基础,结合融合幼儿园的融合教学实践,构建本土化教育戏剧实施的理论框架。

第一节　后现代主义哲学与教育戏剧

教育戏剧受到了哲学、教育学、人类学、社会心理学、发展心理学等理论的影响。尤其是 20 世纪 60 年代以来发展的,倡导反确定性、强调差异和多元的后现代主义哲学,对教育戏剧在融合教育领域中强调多元化教育对幼儿的可塑性与潜能性提供了重要的理论基础。

> 一、后现代主义哲学的主要观点

（一）反确定性

后现代主义理论家们将永恒不变的知识基础或真理性结论称为"先验实体"①。然而,我们所生存的世界却是一个复杂且多元的环境,一切事物均在变化之中。但是先验实体作为一种永恒的真理性知识基础,却总是以一种永恒不变的状态出现在社会

---

① 王治河.后现代哲学思潮研究（增补本）[M].北京:北京大学出版社,2006:79,80,34,48,103,62.

生活中,它没有意志,却充当着一切知识的合法性来源①。后现代主义理论家们坚信:第一,在具体的、不断变化的社会实践之外,不存在任何先于经验而具有合法性的东西②;第二,世界上并不存在一成不变的事物,世界上所有事物都处在永恒的变化之中,所有与基础、原理或中心相关的名称都指明某种不变的存在,这个概念就是"不确定性";第三,确定是相对的、不确定是绝对的③。我们不确定任何事物,我们使一切事物相对。各种不确定渗透在我们的行为、思想、解释中,"不确定"构成了我们的世界④。

后现代主义哲学就是倡导用一个未知的、不确定的、复杂的、多元的世界概念取代传统给定的世界的思想流派。"反确定性"被看作是后现代主义哲学的重要特征。这一"反确定性"思维模式也构成了后现代主义哲学的世界观、存在论和人生观⑤。

(二)提倡事物平等性

人们总是围绕着诸如真与假、确定与隐喻、真实与虚构、经验与先验、观察与理论、事实与价值、严肃与荒诞、客观与主观等无数二元对立,来建构自己,建构世界⑥。而在这些二元结构中,第一性总是先于并支配着第二性。第一性支配否定他者,最终使自身成为真理、价值和永恒。

后现代主义理论者德里达(Derrida)指出,二元结构的价值观和实践体系中存在等级森严的组织,这是由于在二元结构中,"一方压迫另一方"总是普遍存在的,这一普遍性存在也就成为构成等级组织的关键要素。等级组织就意味着一种暴力的"等级制度"和"从属秩序"。而后现代主义则始终秉承"本体论的平等原则",即认为既然不存在先验合法性的实体,那么在"存在"的意义上所有事物都是平等的,没有地位高低之分⑦。

(三)提倡多元对话性

后现代主义者认为,在古典哲学时代,真理和普遍性原则已经成为不可怀疑而又无法认识的神秘、抽象概念。在后现代主义看来,对永恒真理的"迷信"是不合理的,他

① 王博医.后现代主义哲学中的否定、差异与多元[J].齐齐哈尔大学学报:哲学社会科学版,2017(4):28-30+43.

② 德里达.书写与差异[M].张宁,译.北京:生活·读书·新知三联书店,2001:278.

③ 德里达.书写与差异[M].张宁,译.北京:生活·读书·新知三联书店,2001:279.

④ 伊哈布·哈桑.后现代转向[M].刘象愚,译.上海:上海人民出版社,2015:186.

⑤ 邱紫华."不确定性":后现代主义哲学的纲领和旗帜[J].南京理工大学学报:社会科学版,2017,30(1):1-6+69.

⑥ 王博医.后现代主义哲学中的否定、差异与多元[J].齐齐哈尔大学学报:哲学社会科学版,2017(4):28-30+43.

⑦ J. Derrida:The Edge of Philosophy[M]. Chicago:University of Chicago Press,1976:329.

们否认绝对真理的存在,认为去追求一种永恒的真理性理论也是徒劳的①。因为所谓统筹一切的普遍原则只是古典哲学家的想象,世界中一切事物均是相对的。

在这一思想基础之下,后现代主义哲学者认为,世界根本不存在普遍的共识,人们讨论问题的目的不应该在于追求共识,而是"谬误推理",即不同的问题真有发生在当下环境中的独特解决原则,不同的问题解决策略或者原则之间不可"通约"混用,更不存在一个可以解决所有问题的通用性原则,应该倡导一种开放性的、多元性的对话方式②。在对问题的讨论与真理之中设法同化或隔离异质是没有意义的。因为,传统意义上代表着差异和多元的"异质"对我们认识世界也具有同样的重要意义。

(四)提倡人的自由与解放

后现代主义者否定唯一性主体的存在,并提出了"主体的非中心化"思想,认为世界上并不存在亘古不变的东西,任何事物都是被创造、被产生的,同时也是在社会的建构中不断变化的。随着社会的不断建构,主体也必将随之消失③。正如后现代主义者利奥塔在《后现代性与公正游戏》中写道的:"人并不是作为主体而存在的,人的历史不过是千千万万微不足道的和郑重其事的故事的堆积,时而其中的某些被吸引在一起构成大叙事,时而又消解为虚幻缥缈的浮云。"④

＞　二、后现代主义哲学对融合幼儿园教育戏剧实施的启示

后现代主义哲学中所倡导的"不确定性""差异与多元"等理念为融合幼儿园中实践教育戏剧提供了理论方向。

(一)教育戏剧的实施反确定性,强调差异

后现代主题哲学反对传统哲学认识论追求唯一的真理性结论,对永恒的真理表示怀疑,重视主体的能动性主体性,强调人的认识成果的多维性和动态性⑤。而教育戏剧是一种即兴的、非演出的、以过程为中心的戏剧形式,任何戏剧活动无法人为控制,强调的是活动中儿童感性的体验与实践,注重发挥主体探究的能动性,提倡即兴的智慧给予儿童的多样化发展,避免直接用归纳总结与教授告知的方式告诉儿童答案。

(二)教育戏剧的实施反中心性与同一性,强调对话

这是解构主义的要求,目标就是拆除具有中心指涉结构的整体性与同一性,把差

---

① 王治河.后现代哲学思潮研究(增补本)[M].北京:北京大学出版社,2006:34.
② 王博医.后现代主义哲学中的否定、差异与多元[J].齐齐哈尔大学学报(哲学社会科学版),2017(4):29.
③ 王博医.后现代主义哲学中的否定、差异与多元[J].齐齐哈尔大学学报(哲学社会科学版),2017(4):30.
④ 利奥塔.后现代性与公正游戏[M].谈瀛洲,译.上海:上海人民出版社,2018:43.
⑤ 张金梅.幼儿园戏剧综合活动研究[D].南京:南京师范大学,2003:31

异性与边缘性原则作为判断一切事物价值的根据,反对权威性话语,鼓励人们在追求自由解放的过程中对不同事物的多元化体验与理解①。教育戏剧活动中没有绝对的权威,师生双方通过合作、协商、分享来完成活动的整体架构,尤其在戏剧的创造性方面,儿童的创造性远高于成人水平。

（三）教育戏剧的实施反传统、封闭的思维方式

现代思维方式的重要特征是"同质化",迫使人们以同样的方式做同样的任务。后现代主义学者提倡开放的思维方式,号召人们"倾听他人、学习他人、尊重他人,向更好的意见开放"②。教育戏剧打破班级授课制规范化对儿童思维的规训,如切割式时间的安排、"秧田式"座位的确定、上课时手脚的搁置、发言时的手势等,还儿童生态发展的思维与物理空间。教育戏剧注重儿童的批判性思考和创造性表达,戏剧中每位儿童都是思维开放者,被鼓励对不同的主题或角色进行思考与批判。这一特点在教育戏剧策略（范式）"良心巷""坐针毡""脑海中的声音"的实施中表现明显。

（四）教育戏剧的实施注重不同幼儿之间的合作与对话

后现代主义承认个体的差异,承认异质间的平等,强调多元、对话与合作,对于思考学前融合教育中教育戏剧的实践具有重要价值。我们清楚地认识到,融合幼儿园中的教育戏剧应打破传统戏剧教育中对参与者表演技能、戏剧知识的追求,摒弃教育效率的功利化追求,提倡宽松、自由、多元、等待的教育氛围取代预设的、封闭的、机械训练式的教育范式,注重同伴间的对话、合作与分享,鼓励探究、批判与自我决定,促进普通幼儿与特殊幼儿的全面发展。

第二节　建构主义理论与教育戏剧

教育戏剧作为艺术戏剧的枝丫,将戏剧之花嫁接于教育主干之上,用它的绚烂增添教育的色彩。它以戏剧表演的三大生理天性（模仿、表现、观看）为基础,做成环环相扣的教学环节,为幼儿提供来源于真实社会情境中的丰富知识,提倡经验对问题解决的推动作用,鼓励参与者在互动中思考、推理和解决问题③。正如建构主义所提倡的,

---

①　邓猛,肖非.隔离与融合:特殊教育范式的变迁与分析[J].华中师范大学学报(人文社会科学版),2009,48(4):134-140.

②　王治河.后现代主义与中国[J].求是学刊,2001,28(3):9-12.

③　周笑莉.运用教育戏剧培养审辨性思维的优势与方法——以"PLAY 计划"戏剧美育实验教学为例[J].戏剧艺术,2016(4):31-39+137.

知识是学习者基于个体经验活动的产物,是在不断变化的社会情境之中形成的。学习者不是单纯的"知识接受者",而是"活动式探究者""意义和知识的建构者①"。因此,建构主义理论中所倡导的学习观、知识观、学生观与教育戏剧的实施密切相关。

> 一、建构主义理论的基本观点

（一）知识观

建构主义学习观认为,知识是学习者基于个体经验活动的产物,是在不断变化的社会情境中形成;学习者拥有独特的见解与视野,在业已解释的知识之上建构的世界与他者持续的交互作用之中,能使个体关于世界的表征得以确凿;学习是立足于业已建构、阐释的知识之上建构的②。因此,学习是个体主动建构知识的过程,学习者在知识的学习过程中也并非去被动地接受知识的灌输,需要学习者通过对知识进行经验解释,随之将知识内化到自我的知识体系中去。因此,学习应该是一种个体的探究性活动,在探究中,学习者的主动参与、与同伴的分享与合作、自由发言均是促进学习者个体进行知识内化的重要策略。由此可见,有效的学习并不是从现成的知识体系中学习有价值的东西,而是从情境出发,基于体验与活动的、关注学习者的兴趣与探究的学习。

（二）学习观

学习本质上是一种社会性对话与交流的过程。这种对话与交流在知识建构群体中最为有效。因此,互动活动中的交流与对话即一种强势学习资源③。而在教学中,教学就要促进学生互动活动中的交流与合作,使学习者看到与他不同的观点,通过互动活动中的交流、协商,参与者可以共同探究事物与现象的意义,提高社会适应,达成共识共享④。

（三）学生观

建构主义强调,学习者并非空着脑袋、一无所知地进入学习情境中,他们在以往的生活、社会、学习的经历中,已经形成了丰富的经验储备⑤。学习者个体具有主动去假设、预测、操作、提出问题、追寻答案、想象、发现与发明等经验,这些经验可以有效帮助学习者产生新知识的建构。在这样的学生观的视角下,教师也就不能只是用灌输方式让学习者获得认知,相反地,以学生为中心充分发挥学生学习的主动性,关注学生创造

---

① 钟启泉.建构主义"学习观"与"档案袋评价"[J].课程·教材·教法,2004,24(10):20-24.
② 钟启泉.建构主义"学习观"与"档案袋评价"[J].课程·教材·教法,2004,24(10):20-24.
③ 钟志贤.建构主义学习理论与教学设计[J].电化教育研究,2006(5):10-16.
④ 张建伟,陈琦.从认知主义到建构主义[J].北京师范大学学报(社会科学版),1996(4):75-82+108.
⑤ 陈琦,张建伟.建构主义学习观要义评析[J].华东师范大学学报(教育科学版),1998(1):61-68.

力的培养,指导学习者主动地针对具体情境进行再创造,将更有助于学生的知识建构①。

> ## 二、建构主义理论对融合幼儿园教育戏剧实施的启示

(一)教育戏剧的实施应注重建构式的有效学习

教育戏剧从实践体系上来看是学习者的一种建构式学习模式,并构成了教育戏剧中的建构式"理解学习"。其特征可归纳为:第一,戏剧主题(学习内容)连接学生的旧有经验与生活世界,学生作为"直觉学习者",活动时他已拥有自己的经验知识、价值态度和行动能力,去建构或转化教学内容;第二,教育戏剧注重参与者的体验与活动,能调动学生兴趣展开探究性学习,使身体与情感也融于其中;第三,戏剧中学习者的成长并非内在的自我成长,而是与他人合作与沟通过程中形成的学习共同体;第四,教育戏剧注重多样化教育情境的构建,能有效地协助学生在情景中观察、参与、思考问题的解决方式;第五,教育戏剧让学生有机会把所获得的知识能力应用到新的情境之中,学习则是一种自然的概念建构过程。

(二)教育戏剧应具备以学生为主体的学习理念

教育戏剧的实践体系应具有明确的"以学生为发展主体"的实践理念,注重平等接纳与尊重多元,创设以学生为中心的学习氛围,打造动态、非预设课堂。在教育戏剧实施中,重构"探究参与、主动建构"的教学范式,激发幼儿知识学习和探究问题的兴趣。同时,提倡"迁移与体验",允许"犯错与表达"的教学过程,有助于不同发展水平的幼儿形成概念学习的有效途径。

在幼儿园的五大领域主题教学中,戏剧是一个具有领域整合特点的课程模式或教学方式。它提倡"领域整合"为课程设计方针,在实施中应将幼儿园认知、语言、社会、科学、艺术五大教学领域,乃至生活世界,均视为多领域的整合有机体,将生活世界中真、善、美内化于生活化课程中,并可以将幼儿在教学中的体验与探索、语言与行为、动作表现与心理历程整合,贯穿于儿童的整个学习过程,达到最佳教学效果。

(三)教育戏剧注重活动与情景的体验

建构主义理论认为,学习本质上是一种社会性对话与交流的过程。对于处于学前教育阶段的幼儿来说,游戏是幼儿学习的主要方法,而游戏也正是实现幼儿之间进行对话和交流的最佳方式。在教育戏剧领域,由于戏剧与游戏具有相通的性质与功能,

---

① 张世忠.建构教学:理论与应用[M].台北:五南图书出版公司,2001:7.

以至于注重戏剧的游戏性一直是教育戏剧实施中被关注的一个重点。对于特殊幼儿而言,戏剧活动应借用所有幼儿爱好游戏的天性,将戏剧游戏贯穿于教学始终,在游戏中,幼儿无须考虑失败的结果,而是在"弱化对游戏活动的控制性指导"的情境下,体验生活,表达思想情感,达到意义共享①。其中暖身游戏、肢体游戏、感官游戏、注意力游戏、想象游戏、扮演游戏等构成了学前融合教育中教育戏剧开展的重要基础。戏剧游戏教学内在的规约、节奏与韵律,以及不断往返、变化、发展、衍生的开放结构,使特殊幼儿与普通幼儿在"玩"的表象之后获得身心全面发展。

(四)教育戏剧应注重幼儿体验创造的过程

建构主义理论认为,有效的学习应以学生为中心,充分发挥学生学习的主动性,关注学生的创造力。这是由于知识不是对现实的准确表征,它只是一种解释、一种假设,并非问题的最终答案,不能精确地概括世界的法则,需要学习者主动地针对具体情境进行再创造②。在教育戏剧教学中,教育戏剧作为创造性的审美艺术,对参与者创造力的培养潜移默化地渗透于戏剧活动的点滴瞬间,无须刻意为之,因为参与的过程即创造的过程。因此,在教育戏剧中教师无须为追求戏剧的完整性而让戏剧课堂变成"排演式课堂",令幼儿们"望戏生畏",因为引导幼儿体验创造的过程要比得到创造结果更为重要。因此,教师如何将戏剧艺术与学前融合教育相结合,打造适合普通幼儿与特殊幼儿去挑战、思考与应变的新型课堂,重建幼儿的创造力,应是教育戏剧扎根于融合幼儿园发展的关键所在。

首先,注重戏剧策略在戏剧活动中的灵活使用。戏剧策略是渗透创造力培养的最佳依附,适用于学前教育阶段幼儿的戏剧活动策略包括"专家外衣""教师入戏""定镜""观光隧道""时间线""假如我是你""人体雕塑""坐针毡""墙上的角色""集体绘图"等。教师应科学、巧妙、恰当地将戏剧教学策略应用于戏剧活动中,儿童的潜能也正是在趣味性与创造性浓厚的戏剧策略中得以激发与释放的。

其次,创设多元、丰富的戏剧环境。戏剧是特定情境下的产物,特定情境的设定一方面来源于室内物理环境的创设,即教室内戏剧场景的创设,道具的制作,头饰、服装的准备,音乐的配合,灯光的使用等;另一方面来源于室外戏剧环境的创设。教育戏剧不仅是对传统教学方式的打破,更是教育形式的创新。改变排排坐的教室上课固定格局,尝试将戏剧课堂搬到室外,在优美、自由、开放的自然环境中,引导参与者表达自我、发展潜能,是激发所有幼儿创造力的有效方法。

---

① 张晓华.教育戏剧理论与发展[M].新北:心理出版社,2004:225.
② 陈琦,张建伟.建构主义学习观要义评析[J].华东师范大学学报(教育科学版),1998(1):61-68.

最后，教师要尊重和包容幼儿的创造，尤其是特殊幼儿的创造。正是戏剧的假定性，才为参与者提供了无限的可能性。因此，在教育戏剧中，教学主题固然重要，但对于不同幼儿的创新，教师作为合作者、促进者、激发者的角色不应轻易给予对与错、美与丑、好与坏的价值判断，而应帮助参与者去经历学习过程。参与者所有的创造都是在当下情境中的真实反映，均有可取之处。同时，教师要注重创设让所有幼儿获得探究成功、合作成功、表演成功等这些成功瞬间的机会体验，激发幼儿的成就感、参与感、情绪感与喜悦感。

第三节　具身认知理论与教育戏剧

卢梭在其著作《爱弥儿》中，阐述了身体活动对于个体身心发展的重要作用，以其自然主义理论的视角，认为在儿童生命的初期，促进儿童感觉运动能力的发展是智慧发展的关键性前提，应该对儿童的听觉、触觉、味觉、视觉等感官能力进行锻炼。同时，在锻炼感官的同时，还要发展儿童的判断能力和感受能力。卢梭的自然主义理论对我们重新认识身体、认知发展中的重要意义提供了启示。

真正把身体作为学习的主体，强调身体对心智塑造作用的是法国现象学哲学家梅洛-庞蒂，在其著作《知觉现象学》一书中，他写道，"由于客观身体的起源只不过是物体的构成中的一个因素，所以身体在退出客观世界时，拉动了把身体和它的周围环境联系在一起的意向之线，并最终将向我们揭示有感觉能力的主体和被感知的世界"，提出身体是知觉和学习的指挥者和执行者①。身体对于世界的知觉是一种被身体"塑造"出来的结果。身体的特殊结构制约了我们对世界的经验，任何学习过程都首先必须了解身体在其中所发挥的作用②。具身认知理论发展至今逐渐成为解释人类如何获得知识的理论新视角。

> 一、具身认知理论的基本观点

（一）身体的结构与性质决定认知内容与方式

具身认知理论者主张思维和认知在很大程度上是依赖和发端于身体的。身体的构造、神经的结构、感官和运动系统的活动方式决定了我们怎样认识世界，决定了我们

---

①　莫里斯·梅洛-庞蒂.知觉现象学[M].北京:商务印书馆,2001:105.
②　叶浩生.身体与学习:具身认知及其对传统教育观的挑战[J].教育研究,2015,36(4):104-114.

的思维风格,塑造了我们看世界的方式。心智没有脱离身体,任何领域的学习都有身体的感觉运动体验或身体的空间位置等成分的参与。人对知识的理解过程所依赖的概念或程序是通过身体与世界的互动形成的。因此,具身认知理论中的"具身"可以解释为个体在社会生活中形成的身体动作经验。人们的身体动作经验反复作用于各种生活、技能、知识等的模式,也就构成了我们认识世界的方式。

这一观点,在其他心理学家的理论中得到过深刻印证。例如,皮亚杰提出了认知发展的四阶段理论,认为人的认知发展既不是起源于先天的成熟,也不是起源于后天的经验,而是起源于动作。动作是认识环境与事物的基础。各类心理活动的发展都是随着感知觉动作的能力的提升而提升的,身体感知觉动作的发展在儿童的心理发展中起着主体与环境相互作用的中介作用。这些观点都显示出个体的学习过程不仅局限于人的神经中枢系统对抽象符号的加工,而且是与身体活动密不可分的。

（二）认知、身体和环境是一个动态的统一体

身体的感知与运动是认知发展的基础和前提,而学习则是一种"嵌入"身体和环境的活动,具身的学习离不开学习过程所经历的情景化因素①。因为,任何知识都是存在于具体的环境中的,知识也是依赖于环境而存在的,在个体学习过程中,个体只有在知识的情景中身体力行才是学习能够达到成功目标的关键要素。同时,身体的经验只有在具体的情景才能得到展开,或只有在情景中个体所学知识才能被称为知识,知识的效用性才会被实现。而个体也只有在知识所依赖的情景中才能感受到体验知识、接触知识、使用知识解决问题的快乐。因此,人的认知、思维、记忆、学习、情感和态度是身体作用于环境的活动塑造出来的,强调学习是身体与环境互动的整体活动,需要遵循学习中知、情、意统一的原则。

> 二、具身认知理论对融合幼儿园教育戏剧实施的启示

（一）教育戏剧应注重互动式情景的创设

具身认知理论肯定了情景式互动学习对儿童发展的促进作用。鉴于融合环境中,幼儿身心发展的局限性,以及特殊幼儿在认知、语言、社会性等方面发展的滞后性,在教育戏剧的实施中,教师应注重根据戏剧的主题与内容创设适宜的环境。在"真实"的戏剧情景中,让学生置身于其中,来经历角色的世界和问题的解决过程。在戏剧中,教师所塑造的教学情境也会成为幼儿们主动深入探索问题的动力与基本条件,能调动参与者的情绪情感,能让幼儿在戏剧的情景空间中,感受社会生活中的真实问题,并以动

---

① 邱关军.从离身到具身:当代教学思维方式的转型[J].教育理论与实践,2013,33(1):61-64.

作、对话等表达方式,反映幼儿们对生活的经验感受与认知。

(二)教育戏剧应注重幼儿身体的参与与建构

具身认知理论认为,幼儿是在社会文化环境中得以成长和获得发展的,社会文化环境本就具有促进个体发展的潜移默化效果,因此,儿童自身本就具有发展性和创造性的。戏剧,从其本质属性来看,就是多人参与、共同建构故事情景与情节的过程。参与者只有在戏剧情景中通过主动参与,才能将个人品德、性格、气质、精神风貌、心理状态、行为方式、能力、兴趣、认知风格、自我调控能力等得到充分的调动与整合,让戏剧能以直观有效的方式使参演者和观者产生感同身受的直接体验,从而对人的思想情感施加政治的、道德的、审美的等多方面影响,同时也对人的个性气质和人生观、自我认知、自我体验及自我控制能力的发展产生有效的促进作用①。

因此,在教育戏剧活动过程中,教师应更多为幼儿提供用身体表现角色的空间与机会,鼓励幼儿在活动中去创造性地感受和实践姿势、音乐与语言的运用等,同时,在充分调动幼儿的听觉、视觉、触觉、嗅觉等感官能力的同时,全面培养幼儿的身体感觉以及身体对环境的感受力②。尤其是对于特殊幼儿来说,有些特殊幼儿不善于参与集体活动,或总是在集体中处于比较沉默、害羞、被动的状态,教师就需要在戏剧活动中安排一定的肢体活动环节,以此让该类型的幼儿"唤醒"身体状态,调动思维的活跃性,进行学习程序。在幼儿的身体参与活动的过程中,也是幼儿进行知识的自我建构的过程,让幼儿,尤其是特殊幼儿,更有信心去表达自己,愿意与同伴合作,实现融合教育的美好目标。

第四节　最近发展区理论与教育戏剧

最近发展区理论是由教育家维果茨基提出的儿童教育发展观。在该理论中,维果茨基提出学生的发展有两种水平:一种是学生的现有水平,指独立活动时所能达到的解决问题的水平;另一种是学生可能的发展水平,也就是通过教学所获得的潜力。两者之间的差异就是最近发展区。教学应着眼于学生的最近发展区,为学生提供带有难度的内容,调动学生的积极性,发挥其潜能,超越其最近发展区而达到下一发展阶段的水平,然后在此基础上进行下一个发展区的发展。

---

① 黄爱华.戏剧教育的基本理念及其运用[J].戏剧艺术,2010(1):69-77.
② 黄婉圣,何敏.从"具身认知"的视角看教育戏剧及其对幼儿园教育戏剧实践的启示[J].早期教育(教科研版),2017(4):36-39.

> ### 一、最近发展区理论的基本观点

(一)教学必须走在儿童发展的前面

在最近发展区理论中,维果茨基认为教学要实现对儿童发展的主动性与促进性,就必须走在儿童发展的前面。教师要关注儿童在最近的将来可能达到的发展水平,即儿童在他人帮助下能够达到的发展水平或教学的潜在性水平,这一水平才是儿童发展的潜能之所在。对于学习者个体来说,从个体的学习的发展特点来看,潜能之所在,教学之所在。因此,该水平上的发展正是教学可以利用的、来自儿童发展内部的积极力量。如果教学能够按照儿童的最近发展区来设计和实施,教师也就会自然而然地为学生传授更多的新知识内容,儿童也能够获得更多的、足以支持其进步和发展的知识,从而使教学不仅能跟随儿童已有的发展成果,而且能真正建立起教学与儿童发展之间的桥梁。

(二)注重合作与支持对学习的促进作用

在最近发展区理论中,教学所着眼的第二种发展水平是在教师或其他个体的帮助下能够达到的支持水平。因此,他人的支持对促进学习者个体进行有效学习至关重要。此外,维果斯基的最近发展区理论认为,学习与发展是一种社会和合作活动,学习本身就不可能被教给或者灌输给某个人。个体的学习应该是学生在他们自己的头脑中构筑知识理解的过程。而正是在这一过程中,教师扮演着促进者和帮助者的角色,以一种"学习式支架"的方式指导、激励、帮助学生全面发展;同伴作为与学习者个体同样的学习者,扮演着与学习者的合作者、分享者的角色,通过彼此的互动、合作与交流,从而相互促进,共同发展。

> ### 二、最近发展区理论对教育戏剧实施的启示

(一)根据幼儿的最近发展区制定适合、科学的戏剧教学目标

最近发展区理论提出所有的幼儿均具有现有水平和潜在发展水平,如果儿童在最近发展区接受新的学习,并能得到充分支持与辅助,幼儿就比较容易吸收单靠自己无法认知与理解的内容,其发展会获得更高层次的成果。在学前融合教育环境中,特殊幼儿普遍具有感知觉不精确,注意范围狭窄,社会交往技能欠缺,语用能力差,可逆性思维发展缓慢等特点,如何在坚持潜能优先的基础上,以教育戏剧激发特殊幼儿的潜能,应成为融合幼儿园教育戏剧实施的先决性前提。近年来,教育戏剧的理念和方法逐渐得到认可及推广,很大程度上与教育戏剧可激活人类特殊的发展潜能有关,例如,

区分虚构与现实、审美注意和参照注意、辅助意识和无意识学习与自然理解。这四个核心概念相互关联,构成教育戏剧中儿童潜能发展的关键维度。同时,教育戏剧有利于激发幼儿的潜能发展也已成为教育领域中的一项共识。

因此,在融合幼儿园的戏剧活动中,教师要对幼儿进行全面的观察并准确地评估各个方面的发展现状,科学地把握幼儿的最近发展区,同时还要了解特殊幼儿与普通幼儿的最近发展区的差别所在。在选择戏剧主题、目标以及戏剧策略时针对普通幼儿与特殊幼儿的发展特点进行科学的设计,不能过分地降低戏剧教学目标的要求,但也不能随意拔高戏剧教学的目标难度,戏剧活动和内容的难度要适当,尤其是特殊幼儿,应当能够在与普通幼儿的合作或者成人的支持下完成戏剧任务。同时,也不能因为特殊幼儿发展的滞后性而认为戏剧对特殊幼儿是"学不会、不必学"的领域,而人为地剥夺了戏剧促进特殊幼儿发展的良好机会。

(二)教育戏剧应注重同伴支持对特殊幼儿的促进作用

最近发展区理论认为,儿童的发展是在其与教师、成人或更有经验的同伴的社会交往中获得的。通过他人提供的有效支持,幼儿可以从现有发展水平达到潜能发展水平的目标。因此,在教育戏剧的实施过程中,教师要通过戏剧情景的创设以及戏剧情节的驱动性,在戏剧活动中设置问题情景,其目的一方面是让特殊幼儿通过成人的支持获得更多的知识经验,另一方面则是要更多地促进学生互动活动中的交流与合作,使所有的幼儿看到其他同伴与他本人不同的观点,通过互动活动中的交流、协商,幼儿可以共同探究事物与现象的意义,提高社会适应,达到共同发展的目标。这是由于幼儿之间有着独特的相处方式、语言体系以及交往文化,同伴之间的交流与支持比成人为特殊幼儿提供的支持则更加直接和有效。特殊幼儿通过观察和模仿即可达到既定的目标,普通幼儿对特殊幼儿的支持是成人无法替代的一种辅助形式。

因此,教师在教育戏剧教学活动设计与组织中,要根据戏剧主题去设计可以增加同伴间合作、互助的多元化戏剧趣味活动,积极营造合作学习的学习共同体氛围。在组织形式上,也可以根据戏剧内容的设定,将不同发展水平的幼儿分组至异质小组中进行学习和问题探究,鼓励异质发展水平的幼儿之间形成积极的相互影响,从而成为合作或游戏伙伴。让普通幼儿更加理解和尊重特殊幼儿,也让特殊幼儿更愿意与他人形成积极互动,参与到集体生活中,让彼此之间均产生潜移默化的积极影响,为达成学前融合教育目标提供有效的促进。

(三)注重多元化戏剧教学方式的开发与创新

依据最近发展区理论,好的教学应处于学习者的"教学最佳期",而教学最佳期是由最近发展区所决定的。在学前融合教育教学中,教师应正确把握"教学最佳期",利用自身丰富的教育教学经验,积极开发和创新多元化、趣味性的教学方式、方法、策略。教育戏剧则可以对传统的学前教育课程设置、教学范式和教学方式进行有效的"调试"与"过滤"。

从教育戏剧的本质特点来看,教育戏剧就是以其富有表达性的想象力引导儿童探究、参与与体验的过程,期间综合故事情节的人文性、问题解决的探索性、环境设置的丰富性以及音韵融合的艺术性,在这些所有的要素集合的基础上引导幼儿去思索社会生活、感悟生命本质。这也就决定了教育戏剧的实施过程与传统的教学实施过程具有一定差异,教师为达到戏剧教学的探索性、创造性、合作性、趣味性等目标,教学环境必然从单一教学环境走向多样化教学空间配置,教学文化也会自然地从"训练型"教学文化走向"思维型"对话文化,学习方式由个人学习走向小组协作学习。

在这个转变的过程中,所有的教育要素都是具有创造性和即兴的,教师就需要允许学生在情景中体验与犯错,竞争与发问;在教学实施中就要增加合作与体验,减少程序与预设;要提倡探究与分享,反对重复与灌输;要鼓励幼儿个性发展与多元化表达,消除单一与僵化。同时,还要从所有幼儿经验出发,避免纯语言式表达,强调要根据特殊幼儿的障碍程度提供个性化支持与刺激,提高玩偶、面具、视觉提示板等支持性辅具的运用,构建资源丰富的戏剧场景等,运用多种资源与现代技术教学主动探索学前融合教育领域中教育戏剧的有效教学方式,从而提高学前融合教育的有效性。

第五章

融合幼儿园教育戏剧的教学组织

戏剧人类学家马也认为,戏剧即演员表演别人故事的过程。演员通过角色之间的语言、动作、表情等表达剧中所要传达的精神理念与情感线,塑造出丰富、有趣的戏的舞台效果。在幼儿戏剧教育的过程中,幼儿身上所与生俱来的表演特性,让教育与戏剧实现有了共同的连接点。当幼儿园中的活动室成为幼儿展示戏剧天赋的"舞台"时,对于作为已具备的教育教学体系的幼儿园来说,该如何进行戏剧教学的组织呢?

第一节　融合幼儿园教育戏剧活动的教学理念

相比目前幼儿园已经形成的系统主题式的五大领域教学,在幼儿戏剧教育中,自由是赋予幼儿与教师最大的"权利"。戏剧无论从主题来源、活动形式还是戏剧活动内容,都给了教师与幼儿无限发展的可能性,这与戏剧汇集文学、音乐、舞蹈、美术、雕塑等多元艺术形式为一体的艺术特性是相一致的。幼儿园的戏剧教育既可以通过独立的课程予以实现,也可以通过与五大领域课程相整合的形式得以实施,无论独立还是整合,其实施内容的丰富性,既可以包括当下幼儿园五大教学领域的教学,也可以超越五大领域的教学内容,帮助幼儿实现知识的整合。无论戏剧在幼儿园中有多少的形式调整或创新,但其本身所具有的教育属性也就决定了它根植于幼儿园教学体系中时应具有的基本理念。尤其在招收不同发展水平的融合幼儿园中,戏剧本身所特有的融合特性,更是让戏剧的教育理念特性可以更好地服务于学前融合教育的目标。

> ### 一、普特幼儿学习共同体理念

在融合幼儿园中,特殊幼儿由于在认知和社会性交往方面的迟滞性,使特殊幼儿与普通幼儿一直面临同伴交往的难题。例如,一项专门考察融合幼儿园中普通幼儿与特殊幼儿同伴交往的研究显示,普通幼儿对特殊幼儿的接纳水平较低;特殊幼儿以孤立者的角色处于班级同伴交往的边缘地带,具有"社交金字塔"的交往分层现象;特殊幼儿在班级交往中呈现出消极的交往意愿和情绪体验,与普通幼儿难以建立持久性友谊①。同时也有诸多的研究显示,特殊幼儿与普通幼儿的交往状况会影响特殊幼儿在融合幼儿园的整体经历与体验,当特殊幼儿在融合环境中无法受到得到同伴的接纳与欢迎,建立良好的同伴关系时,将极大影响学前融合教育质量②。因此,相比普通幼儿的常规课程与教学,融合幼儿园中的课程与教学理念应该更加注重普特幼儿形成学习共同体方面的建构。

在教育戏剧活动中,依托戏剧活动的合作性优势,在戏剧活动中涉及多种合作性的任务则可以增加学生之间相互接触、彼此合作以及相互了解的机会,在戏剧活动中引导幼儿建立一个互助型的学习共同体,形成在这个学习共同体中的合作与平等的文化③。通过同伴间的多次合作探究与彼此了解,让幼儿了解每一个同伴都是这一学习共同体中的一员,在游戏和学习中人人平等、人人均可尽其所能④。每个人都是互助互学的关系,改善之前不平等的相处方式,打破幼儿间不同角色的壁垒,消除普通幼儿与特殊幼儿之间的隔阂。在戏剧活动实施中,不仅有一对一的合作形式,更有专门引导所有参与者一起完成角色表演的戏剧教学策略——小组扮演。在该教学策略中,全班或者全小组可以合作扮演一个角色。因此,在戏剧活动开展中,教师要始终明确如何将活动扩大幼儿合作的范围,如何通过活动增加普幼与特幼的接触范围,从而在彼此合作的环境中打造平等的学习共同体。

例如,在"脑袋上的池塘"戏剧活动中,为让幼儿感受木兵未脑袋上"长出"柿子树,并会随风哗啦哗啦作响的场景,教师引导全班所有幼儿均扮演成为木兵未脑袋上的柿子树结的柿子,当教师口述"随风哗哗作响"等相关情节时,全班幼儿就要相互配合完成"左摇右摆""晃晃悠悠""不知方向"等表演。这一表演过程中,就是全班幼儿建构学习共同体的过程,学习共同体也会有一种吸引所有幼儿合作的力量。

> **二、游戏精神理念**

游戏是幼儿的基本活动形式,儿童可以在游戏活动中丰富学习经验,习得社会知识技能,更容易获得情感、态度和价值观的认同⑤。在幼儿的成长发育过程中,游戏不仅仅是"玩耍"或"娱乐"的代用词,还是人类自由本性和完整人格得以呈现的途径和

---

① 王琳琳,邓猛.学前融合教育背景下特殊幼儿同伴交往的混合研究[J].现代特殊教育,2021(2):12-21.

② Cross A F, Traub E K, Hutter-Pishgahi L, Shelton G. Elements of Successful Inclusion for Children with Significant Disabilities[J]. Topics in Early Childhood Special Education,2004,24(3):169-183.

③ 张金梅.生长戏剧:学前儿童戏剧经验的有机建构[J].学前教育研究,2019(10):71-84.

④ Guli L A, Lerner M D, Britton N. Social Competence Intervention Program: A Pilot Study of a Creative Drama Program for Youth with Social Difficulties[J]. Arts in Psychotherapy,2013,40(1):37-44.

⑤ 杨晓萍,李传英.儿童游戏的本质——基于文化哲学的视角[J].学前教育研究,2009(10):17-22.

证明,游戏意味着"人的诞生"和"人性的复归"①。对于戏剧而言,戏剧起源于拟态和象征性表演,在很大程度上具有浓厚的娱乐性和游戏性,教育戏剧作为将戏剧文化与教育相融合的一种实践形式,其中的游戏行为与游戏精神更是不可或缺的②。

戏剧的"游戏起源说"更是将游戏与幼儿戏剧活动的本质进一步拉近了。教育戏剧中的角色扮演,实际上就是幼儿积极主动的游戏性体验,其中包括了幼儿对行为的自我决定、故事情节的审美意识、自我情绪的宣泄与控制等③。教育戏剧中的游戏特性更使儿童的社会性文化更具生态性,幼儿在游戏中除了有现实游戏伙伴关系外,还有通过扮演在游戏内部所结成的虚拟角色关系④,这两种关系的存在成为幼儿在游戏中充分开展社会交往的背景,为幼儿以人际交往为主题的社会生活提供了广阔空间⑤。游戏中,儿童在达成自身职责、言行与身份,扮演角色的协调一致的尝试中,努力克服自我中心,学会理解他人,规范意识和伦理精神也得到最初的启蒙,使其社会性的发展更加具有弹性变化。除此之外,诸多戏剧教学策略也是以游戏的理念设计的。例如,在"镜像"戏剧策略的使用中,该游戏也被称为"照镜子游戏",通过游戏中一方的行动带动另一方的模仿。在游戏中幼儿之间三三两两相对而视,并不会让幼儿感受到表演或模仿的压力,更像是同伴之间的互动游戏。

总之,戏剧中的游戏提供了幼儿同伴互动与乐趣共享的最佳途径,并让其学会如何联系所处情景来看待行为⑥。因此,教师在进行戏剧教学活动中,需要积极思考如何将戏剧活动游戏化,或者如何将游戏的兴趣性、建构性、主动性、社会性等特性融入戏剧教学中等。

> ### 三、营造交往"友好型"环境的理念

在融合幼儿园中,特殊幼儿的社会适应、理解同伴、认知游戏、游戏合作等方面与普通幼儿相比,具有一定的局限性和差异性。他们在同伴交往中所出现的普特幼儿能力的不对等特性,极易导致普通幼儿拒绝、忽视特殊幼儿的现象,也会让交往氛围变得紧张。尤其当特殊幼儿不能按照普通幼儿的交往"指示"行动时,普通幼儿生气、特殊幼儿哭闹的"剑拔弩张"状态让交往氛围变得尤为紧张。如何为普通幼儿与特殊幼儿

---

① 李鹏举.儿童游戏本质新视角——基于人性的解读[J].基础教育研究,2011(22):49-52.
② 陈世明.闽台儿童戏剧游戏精神与创造力培养比较研究[J].厦门广播电视大学学报,2014,17(4):79-83.
③ Corbett B A,Gunther J R,Dan C. Brief Report:Theatre as Therapy for Children with Autism Spectrum Disorder[J]. Journal of Autism and Developmental Disorders,2011,41(4):505-511.
④ Jones P. Drama as Therapy:Theatre as Living[M]. London:Routledge,1996:45.
⑤ Kempe A,Tissot C. The Use of Drama to Teach Social Skills in a Special School Setting for Students with Autism[J]. Support for Learning,2012,27(3):97-102.
⑥ 黄玉娇.元交际游戏理论对幼儿社会观点采择的启示[J].当代学前教育,2013(2):8-11.

之间建立轻松愉快的交往关系？戏剧在营造轻松、愉悦交往氛围方面也就可以展现其特有的优势。因为，幼儿的戏剧总是轻松、快乐、自由和无压力的。

在戏剧活动实施过程中，教师需要注重使用多种方式营造普特幼儿合作的"友好型"环境。例如，自身的"幽默式"引导，讲读有趣的故事或儿歌，使用音乐、舞蹈、服装、布景、游戏辅具等调动兴趣，唤起愉悦氛围以及合作成功后的积极鼓励和强化等。戏剧活动只有在自由和开放的气氛下进行，幼儿的情绪与感受才能获得释放，内心的想法才有机会表达，提升幼儿的参与意愿，学习内容更容易内化至幼儿的长期记忆中，也更容易实现融合教育中倡导有质量交往的目标。

以"音乐、舞蹈、服装、布景、游戏辅具的使用"为例，教师可以采用下述相关方法将"轻松友好型"环境营造的理念融合在戏剧活动中。

第一，使用符合故事氛围的音乐。由于教育戏剧是与五大领域教学课堂中完全不同的一种教学范式，为帮助幼儿尽快进入故事情节中，即"入戏"，教师在每次戏剧活动开始时均需要为恰当的故事情节挑选适合的音乐。例如，在《请问你是女巫吗》故事中，讲述小黑猫没有朋友的故事时，因为这段故事主要的情绪基调是孤单和难过的，所以教师可选择具有孤单气息的轻音乐 *River Flows in you*。该音乐纯净且具有一种孤单的幽怨气息，通过音乐对孤单气氛的烘托，每个幼儿的表情都是凝重的，幼儿的眼神和动作都表现出自己对黑猫孤单的同情，这是音乐的强大感染力下幼儿对黑猫的孤单处境的一种感同身受。在该活动中，课堂的整体氛围都被黑猫所牵引着，音乐和教师的讲读让儿童的情绪和感受得以调动，形成了动情且感人的课堂氛围。

再如，在需要肢体迅速变化的游戏"雕塑"中，教师可选用的是节奏较快的动感音乐，这样的音乐可以激发幼儿肢体变化的作用，如节奏感强的轻音乐《快乐的农夫》或 *You Can Fly* 等；在神秘且具有危险气息的故事情节中选用同样充满了神秘感的音乐 *Grazy Dave*；在充满中国文化特色的故事如《老鼠娶新娘》中采用民间音乐《抬花轿》等。

总之，配上合适的音乐，能让绘本的文字、图画和教师的有声语言与音乐融合在一起，更符合幼儿的审美心理和艺术享受，能让故事中的情节、情绪、意境更好地扩散，渗透幼儿的内心，带给幼儿更真切的共鸣之感，由此营造能吸引幼儿的课堂氛围①。

第二，舞蹈元素的使用。幼儿天生爱舞动，在日常生活中，随处可以见到伴随音乐的音律而随性舞动的孩子。幼儿在舞蹈的过程中，总是喜欢边歌边舞，幼儿在舞蹈中总能心情舒畅。幼儿舞蹈的自由随性和形象直观的特点，更易于被儿童理解和接受，在舞蹈中，音乐会带动幼儿肢体的创造，伴随音乐控制身体的变化与走向，这一过程能

---

① 刘绪源.绘本之美[M].济南:明天出版社,2016:67.

帮助幼儿在友好的环境中,以身体的自然律动去体味音乐所传达的意义,让班级的整体氛围更加宽松,适合幼儿在交往中进行合作活动。

例如,在"你笑起来真好看"戏剧活动中,以当下流行的一首幼儿歌曲《你笑起来真好看》为主题设计一节戏剧干预课,在干预过程中,当音乐响起时,教室中的氛围立刻变得轻松愉快起来,每一个幼儿脸上都写满了开心与快乐。

第三,"服、化、道"的使用。 虽然教育戏剧践行"贫穷戏剧"的实践模式,但在设计相关戏剧活动时,为帮助幼儿尽快进入角色和故事情景中,教师可适当为活动中具有典型性特征的角色准备服装。实施的过程显示,每次在教师拿出某些角色的服装时,幼儿均表现出巨大的兴趣,尤其是特殊幼儿,更能够加深其对角色的认知和理解。同时,当扮演该角色的幼儿着服装出现时,总能带给幼儿更多的想象与快乐,让整个课堂氛围也会变得生动、有趣。

例如,在"野兽国"活动中,小主人公来到野兽国之后,成为野兽国的国王,为增强幼儿对"国王"角色理解的深刻度和营造适当的戏剧气氛,教师准备了象征"国王"的王冠和披风。在教学活动中当教师拿出国王的衣服后,幼儿们欢呼雀跃,参与故事角色和创作情节的热情极大提升,由此也就调动了整个课堂的积极、活跃的氛围。

第四,设计教室中的布景。 对戏剧环境的创设可以帮助活动营造戏剧氛围,一方面帮助幼儿尽快入戏,在戏剧中改变以往紧张的接触方式;另一方面让戏剧课堂更具有情境性和生活化。例如,在"脑袋上的池塘"活动中,教师为真实地呈现"懒汉"木兵未的"懒"的特征,用大纸箱做了木兵未的"家",让幼儿亲自去把(由于木兵未懒而导致的家四处有)破破烂烂的洞贴在教师制作的"家"上面,并以木兵未的家为背景和场所来展开活动。对于特殊幼儿来说,通过房子布景的特点,也非常直观地展现了角色的"懒"的特点。普通幼儿也能够快速入戏,积极与特殊幼儿相互合作,共同完成任务。

第五,游戏辅具的使用。 皮亚杰认为,处于 4~6 岁的幼儿具有一种"泛灵论"的思维特点,即在这个时期的幼儿眼中,生活中的所有事物都跟人一样是有生命、有意识、活的东西,他们常把玩具当作活的伙伴,与它们游戏或交谈。在戏剧活动中,每一个角色都是鲜活的,每一个角色都是有生命力的。教师可以在戏剧中建构会唱歌的小鸟、会跳舞的蝴蝶、会讲故事袋鼠等。如何让幼儿感受到戏剧活动中角色的灵动性,激发幼儿创造和参与的意愿,形成浓厚的戏剧文化氛围呢? 各种与活动主题相关的游戏辅具就可起到重要的作用。

例如,"桥"戏剧活动中,教师提前做了小熊和巨人的行走支架、小船和小鱼的支架以及象征小河的丝带等,并将其放在精心设计的戏剧道具箱中,伴随故事的推进,一个个直观、鲜活的角色从道具箱跃然到幼儿面前,由此也推动了幼儿持续保持对于过桥问题的探索的兴趣。在这个完整情景中,幼儿更能全身心合作,面对和解决故事情境中的问题。

> **四、欣赏、鼓励与等待的理念**

对于特殊幼儿来说,在课堂教学活动中常会遇到困难和挫折。特殊幼儿失败的经历极易会让普通幼儿对特殊幼儿产生"他什么也不会""他什么也做不好"等认知,这样的错误认知就像符号一样存在于普通幼儿与特殊幼儿的日常同伴交往中,普通幼儿看到特殊幼儿越多的失败经历,就会对对方产生越来越消极的交往意愿甚至拒绝与特殊幼儿共同游戏等。

教育戏剧保留了自发性游戏中即兴玩乐的特征,加之教师在戏剧活动中及时的引导和支持,以及教育戏剧重过程不重结果的实践特色,也为特殊幼儿参与戏剧集体活动提供了展现自我、参与集体活动、获得成就感与自信心的机会,也让普通幼儿更加了解他们身边的特殊幼儿,看到特殊幼儿的能力与优势,提升普通幼儿接纳特殊幼儿的意愿。

因此,在戏剧教学活动中,教师一方面要为特殊幼儿提供更多的展示自我潜能的机会,鼓励特殊幼儿在困难面前勇于探索和思考;另一方面教师还需要对特殊幼儿的每一次展示表以鼓励和肯定,让特殊幼儿感受到成功的喜悦和成就,欣赏特殊幼儿以及其他幼儿的每一次的展示和思考。在必要的情景下,应为特殊幼儿设置专门的个性化环节。同时,教师在戏剧活动中,需要放慢节奏,给幼儿充分的时间进行探索和讨论。学会等待,是幼儿园戏剧教学中教师必备的重要原则。

小班教育戏剧活动:狮王生日快乐

【活动目标】

　　1.知道不同小动物的行走方式。

　　2.能用肢体动作表现不同动物及它们走路的方式。

　　3.愿意参与游戏,体验与同伴一起想象、创造和表演的乐趣。

【特殊幼儿目标】

　　1.知道不同小动物的行走方式。

　　2.愿意参与活动,体验与同伴游戏的乐趣。

【活动准备】

　　1.经验准备:了解常见小动物的行走方式。

2.物质准备:魔法棒、音乐《狮子进行曲》《生日快乐》。

【活动过程】

一、出示 PPT、引发主题

引导语:小朋友,你们认识它吗? 听一听,它说了什么? (教师播放录音:狮王生日会的邀请)

提问:你们想去吗? 怎么去呢?

小结:要想参加生日宴会,只有所有小朋友都学会了动物的行走方式,才能去参加狮子大王的生日宴会。

二、激发想象、大胆尝试

(一)尝试模拟各种小动物走路

引导语:我的魔法棒邀请你们来变一变,你们先想好要变成什么小动物呀!

提问:咦! 你是什么小动物? 大象是怎么走路的呀?

(二)扩宽思维,发现更多的小动物引导语:我发现今天来的大部分是陆地上的小动物。

提问:那天上飞的小动物有来吗?

引导语:我的魔法棒邀请你(指定特殊幼儿)来变一变,变成天上飞的小动物呀!

提问:那水里游的小动物在哪里呢?

引导语:我的魔法棒邀请你(指定特殊幼儿)来变一变,变成水里游的小动物!

小结:恭喜你们,你们都掌握了各种小动物行走的方式,你们可以去参加狮子大王的生日宴会了。

三、创设情境、共同扮演

引导语:动物们我们要准备出发了,我们一起经过小河、爬上高山、穿过森林去参加狮子大王的生日宴会吧。伴随音乐,不同角色的"动物"踏上生日会的旅程。

提问:

(1)让我看看小动物们都到齐了吗?

(2)路途中经过不同的地方,我们该注意什么?

四、准备礼物、庆祝生日

引导语:我们终于到达狮子大王的森林剧场了。

提问:

(1)可是过生日需要什么呢?

(2)没有蛋糕怎么办?

引导语:我的魔法棒邀请你们来变一变。

小结:蛋糕准备好了,哈哈哈! 我就是狮子大王,快快为我庆祝生日吧!

五、活动延伸

小动物们,让我们一起去外面邀请更多的动物来参加狮子大王的生日宴会吧!

(资料来源:新阳幼儿园新景西五路分园　李素霞)

＞　五、"贫穷"戏剧理念

波兰戏剧导演耶日·格洛托夫斯基(Jerzy Grotowski)认为剧场的本质是演员与观众之间的沟通,其他道具、布景、服装皆可以省略,他将其称为"贫穷剧场"(Poor Theatre)理念①。在融合幼儿园,尽管丰富的道具和精美场景能够增强幼儿快速"入戏",但精美的戏剧材料同样会分散特殊幼儿的注意力,让其"出戏"。教育戏剧活动本身就是幼儿的一种游戏与思维方式,故事与戏剧教学策略的运用才是开展教育戏剧活动的必备条件,一切材料的准备应以方便易得为基本原则。

在实施过程中,教师引导幼儿通过与同伴一起去合作、分享、思考,采用肢体进行表演的创意性体现,才是幼儿戏剧教育中最有魅力的部分,才能充分体现幼儿戏剧教育中"以幼儿为中心"的实践理念。相反,精美的服装、靓丽的舞台、精致的道具等,既耗费教师们的制作精力,又干扰幼儿们对戏剧探索的投入。在教育、体验和探索为主导原则的戏剧活动中,教师不必去考虑这些外在的装饰性要素,而是要把更多的精力放在如何帮助幼儿在戏剧活动中发现问题、解决问题和反思问题之上。

例如,安徒生童话《夜莺》中,故事开头描述了"皇帝"奢侈又美丽的宫殿和花园,作者也可以尽可能地使用华丽的辞藻来描述宫殿和花园的模样。原文如下:

> 这位皇帝的宫殿是世界上最华丽的,完全用细致的瓷砖砌成,价值非常高,不过非常脆薄,如果你想摸摸它,你必须万分当心。人们在御花园里可以看到世界上最珍奇的花儿。那些最名贵的花上都系着银铃,好使得走过的人一听到铃声就不得不注意这些花儿。是的,皇帝花园里的一切东西都布置得非常精巧。花园是那么大,连园丁都不知道它的尽头是在什么地方。如果一个人不停地向前走,他可以碰到一个茂密的树林,里面有根高的树,还有很深的湖。树林一直伸展到蔚蓝色的、深沉的海那儿去。

在这个故事中,教师感受到该故事传达出的"美"的概念,到底什么才是真正的美呢? 自然的还是人造的? 鉴于教师对以上问题的思考,由此制定了本次戏剧活动的主

---

① 舒曾,马利文.教育戏剧促进学前流动儿童发展的习式与效果分析[J].学前教育研究,2017(2):53-63.

题——探索美、感知不同的美(自然美、人造美)。整个戏剧流程如下:

1.热身游戏

走走停停+定格(国王、仆人、士兵等)。

2.口述故事(孩子们"参观"皇宫)

采用幼儿合作的"肢体搭建"策略:塑造皇宫、塑造国王角色。

3.讨论什么样的花园才是最美的花园

讨论:什么样的花园会是最美的花园(材料、物品、主题、五感)?

集体绘画:自然的花园、高科技的花园、香味的花园、巧克力花园、废旧物品的花园等。

4.讨论美的概念

呈现花园:花园的名字、为什么这样设计、为什么是最美的?

在该问题的基础上,教师引出,美的不同形态。

从该戏剧活动中,我们可以看到,"皇帝"富丽堂皇的"皇宫",成为幼儿进入故事情景的一个重要部分。教师如何让幼儿理解"皇宫"的奢侈呢? 教师并未采用道具的方式,将"皇宫"的奢侈性进行直观展示,而是通过口述故事的方式,用幼儿最自然、朴素的"肢体搭建"教学策略,引导他们根据对故事的理解和想象进行肢体创造,从而呈现出"皇帝"金碧辉煌的"皇宫"。

相比教师使用道具,让幼儿"毫不费劲"地看到"皇宫"的奢侈,朴素的肢体搭建,更能够激发幼儿对"皇宫"特点的无限延伸和创造。因为,如果教师直接将"皇宫"道具进行直接呈现,也就没有了幼儿合作创造的过程,限制了幼儿天马行空的想象力。同时道具过于丰富可能会让幼儿的关注点出现偏差。因此,采用自然的肢体创造的方式体现故事情景,是最能够体现幼儿创造力和教师教学智慧的环节。

第二节 融合幼儿园教育戏剧活动的材料来源

戏剧活动具有丰富的材料来源,例如,故事、音乐、日常生活事件等都可以成为刺激戏剧创作的主要来源。在融合幼儿园中,尤其对于特殊幼儿来说,他们感知信息少,注意力难以维持和集中,思维刻板且缺乏灵活性。因此,如何挑选所有幼儿都能够感兴趣的情节来源关乎不同发展水平幼儿的参与感和创作的积极性。

> 一、绘本

绘本是透过图画和文字两种媒介的交织、互动讲述故事的一门艺术。它使用丰富多元的艺术手法、美术造型、色彩、形式等视觉符号来凝聚情感、塑造张力。日常生活中的种种限制或常识都可以作为一种脱离现实的符号，在绘本中被艺术性地"解构"或"重构"，从而让读者在绘本的微观世界中以"超现实"的审美之眼，重新审视自我、审视世界、审视生命①。

绘本读物的主要受众是儿童。绘本善于使用简洁的语言表达完整的故事内容，例如经典绘本《母鸡萝丝去散步》，全书只有 44 个汉字。故事简单、明快、有趣，特别符合幼儿心理发展特点。同时，绘本涵盖主题广泛，完全可以称之为幼儿的"微型知识库"。例如，按照幼儿主要学习和发展的领域作为分类标准，绘本主题可以划分为语言能力、想象力、注意力和观察力、审美能力、哲学启蒙、人际交往、智慧开启、创作评鉴、亲情体味、国际理解等。这些多元的主题都可以成为幼儿戏剧创作的素材。

在挑选绘本时，教师要注意绘本中的故事情节要易于改编。实际上，并非绘本中所有内容都适合于戏剧活动的开展，需要对其中的某些环节进行改编，以符合戏剧活动的实践方式。例如，在"请问你是女巫吗"活动中，故事讲述的小黑猫希望成为女巫的好朋友，在四处找女巫失败后很难过地回到了图书馆，这时五个小女巫出现在小黑猫面前，并带着小黑猫见到了大女巫，从此黑猫就成了女巫的宠物与女巫形影不离。但是在戏剧活动中，教师将幼儿寻找女巫的环节进行了改编，将故事改编为女巫不喜欢小黑猫，由此该问题成为本次戏剧活动中具有张力的部分，是推动幼儿去解决问题的情节。幼儿经过合作、探索、协商等方式取得了女巫的喜欢，最后成为女巫的宠物。故事的改编更容易让教师进行戏剧活动的引导，也便于幼儿去操作和扮演。

小班教育戏剧活动：森林照相馆

【设计思路】

《幼儿园教育指导纲要（试行）》指出："教育活动的内容既要适合幼儿的现实需要，又有利于其长远发展。"所以，为顺应幼儿"玩"的天性，激发他们学习的兴趣，教师依托了绘本《森林照相馆》设计了该教育戏剧活动。该班级是一个融合班级，幼儿表现出来的行为和思想以及兴趣爱好千差万别，在融合背景下，教师尝试把戏剧的元素和基本方法应用于本次的教学活动中，激发普特幼儿的学习兴趣，关注了普特幼儿的"最

---

① 王琳琳，班婧.从解构到重构：艺术视角下培智学校绘本教学[J].现代特殊教育，2020(15)：19-22.

近发展区"。让普特幼儿都能尽情在森林照相馆的情境中体验拍照过程中自主表现的那份快乐,也会留下普特幼儿之间的互相支持、共同游戏的那份幸福,这是很珍贵的情感。

【活动目标】

普通幼儿活动目标:

(1)感知音乐的旋律,理解音乐节点变化的特点。

(2)能根据音乐节点变化大胆运用表情、肢体动作来造型。

(3)感受合作表达与创作带来的快乐。

特殊幼儿活动目标:

(1)在教师的引导下,尝试用肢体动作来造型。

(2)乐于参与戏剧活动,感受在集体中大胆表达的快乐。

【活动准备】

物质准备:相机、音乐、PPT。

经验准备:初步了解绘本《森林照相馆》,有拍照的相关经验。

【活动过程】

一、热身游戏:木头人

播放"木头人"音乐,教师入戏一起玩"木头人"的游戏。

师:小朋友好!今天老师要和小朋友一起玩"木头人"的游戏。

小结:刚刚我看到你们在游戏中会根据音乐节点摆出特别的漂亮造型。

二、肢体创意塑造:用肢体动作表现拍照造型

1.回忆绘本画面,了解小动物拍照时是怎样摆出创意的造型

师:上次我们在《森林照相馆》的绘本故事中发现小动物很会摆姿势拍照,它们的每一个造型都很有创意。

小结:小动物拍照时,有的表情很丰富,有的造型特别优美,所以它们的照片看起格外生动。

2.教师入戏,提出开照相馆的建议

师:刚刚小动物们也给我一个建议,班级也开一家森林照相馆,让我来当摄影师给每一位小朋友拍下最美的照片。

讨论:拍照时应该注意什么?

小结:拍照时除了要有一个有创意的动作造型,要学会定格,然后再露出甜美的微

笑,这样拍出来的照片才会清晰,也有纪念意义。

3.拍照造型的个别化示范展示

教师邀请个别幼儿用肢体表现自己的造型,为全班幼儿起到示范的作用。

小结:刚才有的小朋友造型特别有创意,有的小朋友动作特别漂亮,有的小朋友表情特别生动,有的小朋友还很聪明地利用身边的道具……这些都可以让我们的照片变得很漂亮。

三、情节创作:开始拍照啦!

第一轮游戏:个体造型+定格

1.提出游戏规则

师:请小朋友根据音乐节奏,自主地游戏,当听到音乐停顿时就尝试变成自己喜欢的造型并定格。

2.欣赏照片

师:我们一起来欣赏看哪几张照片的造型比较漂亮?哪些照片还有待改进?

小结:原来照片要拍得漂亮,小朋友要学会听音乐节奏,音乐停顿的时候,就是摄影师要拍照的时候,小朋友要注意定格。

第二轮游戏:两人镜像+定格

1.提出游戏规则

师:这一次拍照我们需要照镜子打扮打扮自己,请小朋友们找到一个好朋友,商量一下,一个小朋友当镜子,一个小朋友当照镜子的人,当听到音乐停顿时就是摄影师要帮忙你们拍照了,小朋友可要定住造型哦!

2.欣赏并讨论照片,提出更好的造型建议

师:我们一起来欣赏看看哪对小朋友照镜子的动作最生动、最有趣?

小结:刚刚我在拍照的时候,发现小朋友学会了听音乐节奏,还学会了两个合作用肢体动作表现自己的造型,所以照片效果特别漂亮。

第三轮游戏:多人合作造型+定格

1.提出游戏规则

师:这一次小朋友可以去寻找更多的同伴一起拍照,找到伙伴以后可以先商量一下你们准备摆什么造型?然后根据音乐节奏一起做动作,当听到音乐停顿的时候就一起组合成一个漂亮的造型并定格。

2.欣赏照片,引导幼儿讲述照片中的故事

师:这一次的照片造型更独特。因为小朋友之间的合作,让我们的照片更加温馨美好。小朋友们都来讲讲你们在照片中的故事吧。

【活动延伸】

用照片记录与爸爸妈妈在一起的时光,并回到幼儿园与老师和同伴分享照片中的故事。

（资料来源：新阳幼儿园新景西五路分园　李素霞）

> ## 二、童话故事

童话故事与绘本同样是儿童文学的一种体裁。经典童话故事中,丰富的想象和夸张的故事情节可以活跃幼儿的思维。通常,经典童话故事总能让幼儿百听不厌,故事中经久不衰的经典角色总是能够带给幼儿无限的美好想象,例如白雪公主、灰姑娘、小红帽等。幼儿虽然在身心发展,尤其是思维方面具有一定局限性,但是幼儿的天真烂漫却增加了对故事的更多想象。在戏剧活动中,幼儿耳熟能详的童话故事是材料来源,给了幼儿去重新创作童话故事的机会,让自己与童话故事中的经典角色重逢、对话,这有利于提升幼儿在戏剧活动中的投入程度,提升幼儿对戏剧活动的兴趣。

一般而言,童话故事的篇幅较长,故事情节涉及内容较多,这是与绘本的情节内容区别较大的地方。而幼儿园的活动时间仅有 15~30 分钟,教师如何科学地提取故事的主题哲思,并正确地将故事内容进行"分割",是保证将童话故事融入戏剧活动的重要方面。

首先,教师要通读童话故事,做到对童话故事的每一处情节、每一个角色以及每一处的情感表达全面理解。这是保证后续戏剧活动开展时确定科学的主题哲思的重要前提。

其次,提取故事的主题哲思,即通过这一次的戏剧活动,我们想要给幼儿传达什么样的深刻理念。童话故事中可能具有多条故事线,情节相对复杂。鉴于幼儿的身心发展特点以及活动开展的需要,教师就选择一条适合幼儿戏剧活动的故事线或主题,依次展开活动。

例如,安徒生童话故事《夜莺》讲述了夜莺美丽的歌声打动了皇帝,它成为皇帝的新宠。但不久之后,一只能发出曼妙乐声且外表华丽的人造小鸟获得了更多赞美,于是,夜莺飞走了。然而,当皇帝的生命面临死神的威胁时,人造小鸟却唱不出一个音符,还是真正的夜莺用婉转的歌声驱走了死亡的阴霾。这个故事不仅体现了夜莺的善良与美好、小女孩的率真与勇敢、大臣们的屈从与谄媚、皇帝的虚荣与善变等,还夹杂着自然与人工的对弈、真与伪的抗衡等,引人深思。如此多的主题,教师需要在对故事的全面理解之上,挑选适合的 1~2 个主题进行戏剧活动设计,通过对该目标主题的探索,促进幼儿的思考与认知的进步,而不是将故事零散而杂乱地全部展现在幼儿面前。

最后,戏剧活动的教学设计中,并不需要将故事全部在戏剧活动中展现。每一个童话故事都是有一定篇幅的,在确定的主题哲思基础上,挑选其中的故事线,并加以适当的创作,才能符合幼儿戏剧活动的实施原则。而全部的故事可以在语言领域或者阅读区角中进行完整讲述。除此之外,童话故事只是提供戏剧活动一个素材,并非所有情节均要按照原故事的思路进行。幼儿和教师需要在戏剧活动中发挥想象和即兴表演,可以在原有的故事线中创作出新的故事来。

> 三、童谣

童谣是指以儿童为主体接受对象的短诗,它强调格律和韵脚,通常以口头形式流传。它是在儿童的心理和审美特点基础上所进行的艺术构思,其中所包含的联想和想象、所运用的文学语言等均来源于儿童的现实生活,是儿童所喜闻乐见的。为儿童所创作的童谣通常主题丰富、情节生动有趣,读起来朗朗上口、趣味无穷,其内容主题在培养儿童良好的道德品质、思想情操,激发丰富他们的想象力、思维能力等,尤其在培养儿童健康的审美意识和艺术鉴赏力上,发挥自己独特的作用,是戏剧活动开展的重要素材。

例如,经典的北方童谣《一园青菜成了精》:

出了城门往正东,一园青菜绿葱葱,最近几天没人问,他们个个成了精。

绿头萝卜称大王,红头萝卜当娘娘,隔壁莲藕急了眼,一封战书打进园。

豆芽儿跪倒来报信,胡萝卜挂帅去出征,两边兄弟来叫阵,大呼小叫争输赢。

小葱端起银杆枪,一个劲儿向前冲,茄子一挺大肚皮,小葱撞了个倒栽葱。

韭菜使出两刃锋,呼啦呼啦上了阵,黄瓜甩起扫堂腿,踢得韭菜往回奔。

莲藕斗得劲头儿足,胡萝卜急得搬救兵。歪嘴葫芦放大炮,轰隆轰隆炮三声,

打得大蒜裂了瓣,打得黄瓜上下青,打得辣椒满身红,打得茄子一身紫,

打得豆腐尿黄水,打得凉粉战兢兢。藕王一看抵不过,一头钻进烂泥坑!

出了城门往正东,一园青菜绿葱葱。

该童谣改编自北方童谣,作为幼儿的文学启蒙范本,因其朗朗上口、通俗易懂,又贴近生活、自然生动,总能够带给幼儿以乐趣和对蔬菜战斗场面的丰富想象空间。该

童谣对每一种蔬菜的战斗姿势、表情等进行了细致、生动的描写,例如"小葱端起银杆枪""茄子一挺大肚皮"等,种种活泼拟人的蔬菜个性、热闹欢腾的战斗场面等,无论是进行剧场表演,还是在戏剧教学活动中引导幼儿通过想象进行肢体即兴表演,都是创作材料来源。

> ### 四、儿童歌曲

儿童歌曲是反映儿童时代的天真烂漫、无忧无虑的生活的歌曲。它清纯的旋律,稚嫩的歌声,趣味的歌词,是幼儿童年中不可或缺的一种艺术元素。正是由于幼儿对儿童歌曲的喜爱,也就为将歌曲改为戏剧活动提供了一定的可能性。在以儿童歌曲为材料来源时,教师要对歌曲内容进行情节的重新创作,需要根据歌曲的情感基线,建构出主要的角色和故事情节。

例如,儿童歌曲《你笑起来真好看》,该歌曲传达一种阳光、客观、向上的情感,听起来让人所有的烦恼都会忘记,心情非常愉快,就像整个人活在阳光下,看着一片向日葵,既温暖又阳光。教师抓住了"笑"这一关键词与健康领域中的牙齿健康主题相结合,进行了戏剧活动的设计。在该歌曲中,歌词并没有较强的情节性,因此,教师首先就需要对该歌曲进行故事情节的创编。在创编的故事情节中,教师建构了戏剧活动的角色,如鳄鱼、牙医、小白兔、大花狗、小猪等,将故事情节拓展为"鳄鱼不爱刷牙—小动物不喜欢与他做朋友—鳄鱼孤单—害怕牙医—小动物劝说鳄鱼看牙医—紧张的看牙医历程—牙齿恢复健康"的故事线。该歌曲出现在小动物劝说鳄鱼看牙医时,用《你笑起来真好看》这首歌曲告诉鳄鱼牙齿健康的重要性这一环节,第二个环节出现在牙齿恢复健康后与同伴快乐玩耍的场面中。教师将该歌曲与戏剧情节进行了整合,舞蹈、音乐的加入让戏剧活动更有趣味性和生动性。

除此之外,民间传统艺术,如戏曲等,均可以通过改编进入融合幼儿园的戏剧活动中,让幼儿不仅感受戏剧的独特魅力,同时将民间传统艺术融入幼儿的现实生活中,引导幼儿去传承、去热爱我们的民间瑰宝。

大班教育戏剧活动:三岔口

【活动目标】

(1)了解京剧中的表演动作"亮相""走圆场"。

(2)能创编亮相造型,根据节奏速度走圆场。

(3)乐于参与表演,感受表演的快乐。

【活动准备】

鼓、《三岔口》选段

【活动过程】

一、视频导入:播放视频《三岔口》,感受京剧艺术

师:你听到了哪些乐器的声音? 你认识里面的角色吗?

小结:这是京剧《三岔口》中的选段,是生角任堂惠和丑角店主刘利华在黑暗中打斗的画面。

二、复看视频,感知节奏与动作之间关系

师:他们表演的是什么? 你喜欢谁的打斗动作? 为什么?

师:他们在音乐变慢的时候做了什么动作?

小结:在"kuang cei kuang"时他们的造型动作叫作"亮相"。丑角的表演比较滑稽,生角的表演比较帅气,具有美感。

三、感受鼓点节奏,创编亮相造型

教师引导幼儿创编自己的亮相造型。教师根据节奏走台步,跟个别幼儿互动表演。

师:我们是如何进行表演的? 走位是远还是近? 什么时候站到一起? 方位是什么样的?

小结:在"哒哒"节奏时两个好朋友走位较远,在"咚咚"节奏时好朋友面对面,"kuang cei kuang"时面对面做"亮相"动作。

四、根据匀速鼓点节奏,共同表演

师:请小朋友们每人找一位自己的好朋友一起表演。

师:表演中出现了什么问题? 应该怎么解决呢?

小结:这样往同一个方向绕着圈圈的走法在京剧中叫作"走圆场"。

全体幼儿再次游戏。

五、根据角色特点创编武打场面

师:武生的打斗动作比较帅气,武丑的打斗动作比较滑稽,你想表演哪个角色,请创编自己的动作。

分组讨论表演。

六、调整鼓点快慢,幼儿跟节奏进行表演

(1)调整鼓点节奏的快慢速度,引导幼儿进行表演。

(2)思考在鼓点快和慢的时候脚步的变化,并再次进行全班演示。

小结:鼓点的节奏有快有慢,在京剧表演中表演者会根据鼓点的快慢调整自己的步伐。鼓点快时步伐快,鼓点慢时步伐慢。

【活动延伸】

收集戏剧小知识,与同伴在语言领域中一起分享。

> ### 五、幼儿感兴趣的生活现象

富有好奇心是幼儿重要的心理特征。由于幼儿的认知与阅历较少,只是经验相对贫乏,导致他们在接触到新事物或陌生现象时,总是会感到疑惑。教师将幼儿的好奇心或者感兴趣的生活现象融合进入幼儿园教育教学活动中,本就是幼儿园教师的专业素养之一。通常,幼儿发现的感兴趣的生活现象并不是静态或固定的,需要幼儿对该现象进行观察、动手尝试、合作探究等,戏剧活动就为幼儿进行活动探索提供了可能性。

例如,在幼儿园某次自由活动中,幼儿对蚂蚁搬一粒米的过程极为感兴趣,出现了多名幼儿蹲在地上观看蚂蚁搬动米粒的情况,在教师的多次催促之下才回到队伍中集合。由此,教师也看到了幼儿对该现象的兴趣,基于此,教师以"团结力量大"为主题进行了一次戏剧活动。在该戏剧活动中,幼儿化身为努力搬运粮食的小蚂蚁,塑造了不畏艰苦(石头的阻挡、螳螂的抢夺以及河水的冲刷),众志成城,相互信任和鼓励,终于将粮食运回"蚂蚁窝"中的戏剧表演过程。在该活动中,由于幼儿在课间活动中亲眼看到过蚂蚁搬运粮食的真实情景,因此,当化身为该角色时,更能够体会到蚂蚁合作力量大并且勇于坚持的精神,也更能够将情感投入到活动中。

在另一次的小班自由活动中,秋天的到来让树叶纷纷落下,小班多名幼儿一直沉浸于追逐树叶、用手接住树叶的有趣活动中,在秋风的带动下,翩然落下的树叶就像跳舞的精灵般吸引了幼儿的注意力。鉴于此,教师设计了以下"落叶飘飘"的戏剧活动。

小班教育戏剧活动:落叶飘飘

【活动目标】

(1)尝试跟随歌曲简单律动,模仿树叶飞舞。

(2)感受在集体中大胆表现的快乐。

【活动准备】

课件会跳舞的叶子、儿歌《落叶》

【活动过程】

1.热身游戏:跟我一起做一做

在音乐声中做各种植物的动作。

2.播放课件会跳舞的叶子

引导幼儿仔细观察课件中不同叶子的形态,并用身体进行形态的表演。

3.表演树叶飘落

(1)树叶飘落形态的讨论。

师:风来了,叶子会怎么样? 在风中它像什么?

小结:像蝴蝶,像跳舞的精灵……

(2)幼儿根据教师语言描述进行形态创造与表演。

(3)播放儿歌《落叶》,随乐表演树叶飘落。

4.情景表演:树叶找妈妈

(1)教师扮演树妈妈,幼儿扮演树叶宝宝。

(2)故事讲述树叶宝宝找妈妈的历程,幼儿扮演角色随乐游戏。

5.讨论落叶的作用

师:小朋友们知道树叶宝宝离开妈妈去哪里了?

小结:落叶经过堆积和自然降解之后,可以让土壤更加有营养,让树木和花草更加健壮。

【活动延伸】

在绘画引导幼儿尝试用绘画表现会跳舞的叶子,并与大家交流自己的作品。

(资料来源:厦门市海沧区新阳幼儿园　陈超宇)

第三节　融合幼儿园教育戏剧活动的组织形式

戏剧,看似是幼儿通过想象在一定情境中的进行的角色扮演游戏,实则是拓宽人生纬度的艺术集合。从儿童创造性到审美发展,从批判性思维到社会适应,从自信到想象力提升,从同理心到生活体验,从问题解决到道德内化,戏剧的作用无处不在[①]。如何在融合幼儿园让戏剧活动发挥充分的教育效果,是教师在实施教育戏剧课程时必

---

① Okvuran A. Assessment of Drama Course from the Preschoolers′ Point of View[J]. International Journal of Social Education,2009,4(4):256-259.

须要考虑的重要问题。其中教育戏剧活动有效的组织方式就是保证教育戏剧发挥教育作用的一个重要影响因素。

> 一、集体的主题教学活动

集体的主题教学活动是幼儿获得戏剧经验积累的途径之一,同时也是融合幼儿园教育戏剧课程的主要组织形式之一。它是指教师根据幼儿园主题教学的目标,以全班幼儿为教育对象,结合普通幼儿和特殊幼儿的身心发展特点,将戏剧元素作为一种教育资源与本周或本月教学主题相结合,以培养幼儿的想象力、问题解决能力、自我决定能力、同伴合作能力等多元能力发展的一种活动形式。目前幼儿园采取较广的戏剧主题教学活动有两种:一种是"大主题,小戏剧"的实践方式,是在幼儿园大主题之下的一个独立的教学体系,将戏剧活动适时地融入主题网络中即可的一种实施方式;另一种是"大戏剧、小主题"的实践方式,该实施方式是将戏剧主题作为幼儿园的主要教学主题,将幼儿园五大领域内容涵盖在戏剧主题之下的一种实践方式。

无论哪一种主题,集体的主题教学都是幼儿进行戏剧创作的最重要的实施方式。戏剧本就是一种需要发挥集体合作的综合艺术形式,在集体的主题教学活动中,教师可以创设更加广泛的环境、更加多元的角色以及情节更加复杂的戏剧活动内容,让更多的幼儿可以参与到戏剧的表演和创作中。集体的参与更能够诱发幼儿的集体凝聚力,更有利于呈现出戏剧本身所有的集体表演特性。例如,更多地体现戏剧的剧场要素:表演者(幼儿)、文本/动作(情节)、导演(教师)、时间、空间(舞台或活动室)、观众(幼儿)等。同时,教师可以引导幼儿更充分地将戏剧冲突进行全面的讨论和探索,让戏剧的开始、中间与结束的过程,也可以说是戏剧艺术的幕、场、情节等要素,体现得更加全面,更具有戏剧的艺术性特征。拉近幼儿与戏剧的距离,感受戏剧艺术的熏陶。

除此之外,对于融合幼儿园来说,学前融合教育最主要的目标之一就是促进普通幼儿对特殊幼儿的接纳以及彼此间的良性交往。集体的戏剧活动,更容易让不同发展水平的幼儿之间有彼此了解和合作的机会。让普通幼儿可以看到特殊幼儿的闪光点,从而改变对他们的排斥或拒绝。对于特殊幼儿来说,也有了可以展示自我、增强自信和成就感的舞台,更有利于实现融合教育的目标。

例如,在某融合幼儿园中班的周主题"快乐的生日"中,教师采用"大主题,小戏剧"的设计思路制定了"好吃的蛋糕"戏剧活动。在该活动中,教师创设了"幼儿进蛋糕店观察蛋糕造型"到"合作表演蛋糕"再到"一起吃蛋糕"的三个戏剧情景,引导幼儿感受蛋糕在生日中所带给孩子们的快乐。

中班教育戏剧活动:好吃的蛋糕(1~2课时)

【活动目标】

(1)能大胆想象并扮演蛋糕的造型。

(2)感受戏剧合作中快乐的氛围。

【活动准备】

物质准备:各种水果蛋糕的图片、彩笔、绘画纸、蛋糕师的服饰、擀面杖和切蛋糕的塑料刀、蛋糕制作视频。

经验准备:幼儿参观蛋糕店,了解了制作蛋糕的简单步骤。

【活动过程】

1.情境导入:创设"蛋糕店",观察蛋糕造型

出示各种水果蛋糕的图片,参观"蛋糕店",欣赏蛋糕的不同造型。

引导语:蛋糕是什么形状的? 蛋糕上面有什么?

小结:蛋糕有圆圆的、方方的,还有爱心形状的;可以是一层的,也可以是两层或三层的;蛋糕上面有奶油做的各种造型,有花、小动物等,也有各种水果,还可以有饼干等。

2.彩绘好吃的蛋糕:绘画并装饰

根据幼儿对蛋糕的先验经验,引导幼儿绘制出自己喜欢的蛋糕造型,并进行装饰。

3.小小蛋糕师:回忆参观蛋糕店时蛋糕师制作蛋糕的步骤,表演做蛋糕

(1)观看蛋糕制作视频,回忆蛋糕的制作过程。

(2)表演小小蛋糕师制作水果蛋糕。

4.美味的水果蛋糕:合作进行肢体表演

(1)全班分成四个组,以肢体表演蛋糕造型。

(2)每组幼儿为自己做的蛋糕造型起一个名字。

5.一起"吃"蛋糕:创设生日情景,感受快乐氛围

(1)一名幼儿扮演过生日的幼儿的角色,教师和其他幼儿扮演客人,即兴表演唱生日歌、吹蜡烛、切蛋糕、吃蛋糕等生日情景。

(2)每位幼儿为"小寿星"送生日祝福。

(资料来源:厦门市海沧区新阳幼儿园　陈超宇)

> ## 二、小组式的戏剧工作坊

相比普通幼儿,特殊幼儿的思维刻板,缺乏灵活性,尤其是在进行戏剧创作时,会表现出想象力的单一与僵化。在语言方面,他们的语言发展缓慢,词汇量少,在进行角色互动时,部分特殊幼儿难以使用语言与同伴进行顺畅的沟通。在认知方面,特殊幼儿由于理解能力有限,可能会出现对故事情节以及活动目标的不理解情况,从而影响其活动参与的积极性。尤其对于发展性障碍幼儿来说,人际交往与社会适应方面发展的迟滞性,让他们可能无法较好地完成与其他同伴的合作任务。上述特殊幼儿可能出现的情况,会极大影响特殊幼儿在集体的戏剧活动中的参与度。

当班级中的特殊幼儿在集体戏剧活动中出现参与困难时,教师可以进行以特殊幼儿和部分普通幼儿为参与主体的小组戏剧工作坊活动。因此,戏剧工作坊作为一种小组学习形态,是指在专门的戏剧空间(教师或区角)中,教师带领 8～10 名幼儿以小组的形式围绕特定主题,经由肢体、声音、语言等身体资源共同创作戏剧的角色、情节和情境,并在创作过程中反映自身独特经历,发展想象力、创造力以及问题解决能力的一种儿童戏剧教育的组织形式[①]。

教师可以有目标性地选择在集体活动中有参与困难的特殊幼儿(但并非所有的特殊幼儿都必须)进行额外的小组戏剧工作坊活动,教师可以根据集体戏剧活动中的参与表现来确定。只有当某特殊幼儿确实难以在集体的戏剧活动中受益时,才会进行小组活动的补充。其中可加入认知能力、合作能力、参与能力较好的普通幼儿,不同发展水平幼儿之间形成异质的小组,以便于普通幼儿在合作中为特殊幼儿提供更多的帮助和支持,也可以对特殊幼儿形成榜样。

当然,小组戏剧工作坊也并非专门为特殊幼儿进行戏剧的补充性教学而开展,而是教育戏剧实施过程中的组织形式之一,只是由于小组中人数较少,教师可以放慢戏剧活动的节奏,可以给特殊幼儿提供更多的关注和支持,还可以给特殊幼儿与普通幼儿更多的合作的时间和空间等,更加适合融合幼儿园中特殊幼儿的参与。教师可以在进行集体的戏剧主题活动的同时,根据活动的安排以及幼儿的参与状况,灵活组织戏剧工作坊的开展。

在戏剧工作坊的内容选择上,由于是小组活动,在具体实施时,教师可以根据特殊幼儿在集体活动中的参与表现,选择集体活动的某环节作为小组活动的主要内容,可以是一个教学片段也可以是完整的戏剧活动。活动的实施与集体的主题活动并无差

---

① 张金梅.学前儿童戏剧教育[M].南京:南京师范大学出版社,2015:210.

异,均是教师依据一定的教育目标或者特殊幼儿的个别化教育计划来设计和实施的。一般小组参与人员可以包括1~2名特殊幼儿、4~6名普通幼儿。在活动过程中,教师可以根据幼儿的情况以及活动的安排将人员进行灵活调整,以保证幼儿之间的充分合作与参与。例如,在8人的戏剧工作坊中,教师可以根据活动的设计,分别进行全体、4人、2人以及个别幼儿的组合形式。如表5-1所示,在"脑袋上的池塘"活动中,教师对组内的8人根据活动的设计进行了不同层次的组合。

表5-1 活动设计组合示例

组合形式	幼儿人数	适用范围	具体活动
全体	8人	(1)集体讨论:就某一个问题全班一起讨论并发表意见,探索问题解决方法。 (2)集体扮演:全班扮演同一个角色,共同探索幼儿对角色的体验。	(1)集体讨论问题:"木兵未那么懒,你想对他说什么?" (2)集体扮演"长在木兵未脑袋上的柿子树上结的小柿子"。
大组	两大组,每组4人	用于表演两类重要的角色。两类角色之间可以互补的角色也可以是对抗的角色。	一组幼儿扮演脑袋上长出柿子树的木兵未,一组幼儿扮演前来买柿子的顾客。
小组	四小组,每组2人	两人一组搭档,在交流和互动中共同完成教师设置的某一项任务。	木兵未脑袋上的柿子树被强盗砍了,但是却神奇地长出了蘑菇。请两两组合进行蘑菇的彩绘任务。
个别	1人	(1)单一角色:选择1人担任活动的主要角色或某个特别的角色。 (2)独立个人:幼儿各自表达自己的观点或想法。	(1)木兵未脑袋上的树桩被强盗刨出了一个坑,一阵大雨后,木兵未脑袋上变成了一个池塘。教师选择一名幼儿扮演木兵未,其他幼儿扮演池塘中的小鱼、小虾等。 (2)故事的最后,邀请每位幼儿跟木兵未说一段话。

小班的戏剧工作坊活动:卷白菜

【活动目标】

普通幼儿活动目标:

(1)提高幼儿的反应能力及身体协调能力。

(2)能够有意识地带领同伴参与游戏,体验合作游戏的快乐。

特殊幼儿活动目标:

(1)理解游戏的规则,能够遵守不同角色的规则。

(2)愿意参与游戏,体会与同伴合作游戏的快乐。

【活动准备】

物质准备:农夫头饰一个、白菜叶头饰六个、白菜一颗。

场地准备:户外场地。

【活动过程】

1.谈话导入活动,激发幼儿兴趣

教师出示白菜,请幼儿观察白菜的造型和特点。

总结:白菜有很多片叶子,是一片一片卷起来的。

2.介绍玩法与规则

(1)幼儿手拉手成一排,所有幼儿带上白菜叶头饰,排头带领幼儿一边向中心方向卷着走,一边说:"卷呀卷呀卷白菜,卷成一棵大白菜!"幼儿团团相裹,一个挨着一个向中心卷,站在最后的一个人用力裹住。当"农夫"说"剁白菜了"时,幼儿立刻散开跑,跑到指定区域。

(2)幼儿轮流当"农夫"和"白菜心",进行多轮次游戏。

3.玩法提示

(1)开始时,排头最好选个子高的幼儿。

(2)教师不要急于说"剁白菜",让幼儿稍作休息,防止幼儿因没站稳而摔倒。

(3)提示幼儿卷白菜时不能拥挤,手不能松开,一个挨着一个向中心卷。听到"剁白菜",方可跑回指定区域。

(4)可根据幼儿熟练程度改变念儿歌的节奏。

> ### 三、亲子戏剧活动

亲子戏剧活动是幼儿教育戏剧开展的重要组成部分,是儿童生态成长过程中的一个重要环节,它可以引导幼儿与家长在愉悦、轻松的亲子氛围中,达到学习、娱乐以及提升亲子关系等目标的一种戏剧活动组织形式。亲子戏剧活动一般在学校或家庭两种场地进行[①]。

一般而言,在家庭开展的戏剧活动具有更大的随意性和自由性,并不需要进行严密的教学活动设计。例如,当母亲与孩子一起读完了绘本《猜猜我有多爱你》之后,母子之间可以就"如何用肢体动作表达对对方更多的爱?"这一问题进行自由的肢体创

---

① 陈世明,等.儿童戏剧的多元透视[M].上海:复旦大学出版社,2015:44.

作。在学校开展的亲子戏剧,通常是教师根据活动目标,按照教学活动设计的程序化流程,设置的系统化、主题式的戏剧活动。相比家庭中的戏剧活动,学校中的亲子戏剧更加具有目的性、计划性和完整性。本书所讨论的亲子戏剧活动,主要是指父母与孩子一起在学校参加的戏剧活动。

亲子戏剧活动无论对于家长来说,还是对于幼儿来说,均具有重要的意义,例如可以增进亲子之间的理解和情感关系,还有利于幼儿园与家长之间的沟通,实施有质量的家园合作活动等。同时,幼儿园也可以根据在园幼儿的家长的情况或者活动的目的,进行活动组织。

例如,某幼儿园为提升普通幼儿家长对学前融合教育的认同与支持,或者增强普通幼儿家长对特殊幼儿的接纳与理解等,可以组织普通幼儿家长、特殊幼儿家长以及幼儿们,进行一个以"理解特殊幼儿"为主题的戏剧活动。在该活动中,可通过真实的特殊幼儿家长的经历为戏剧创作的来源,逐步引导普通幼儿家长理解特殊幼儿家长的真实感受,产生同理心,认同融合教育,并主动支持特殊幼儿及其家庭等。同时,在戏剧活动中,普通幼儿与特殊幼儿之间的良性互动,让家长看到特殊幼儿的成功与努力,也可以打消普通家长的相关疑虑。除此之外,鉴于戏剧的治疗特性,对于特殊幼儿家长来说,幼儿园也可以专门组织特殊幼儿家长与特殊幼儿的亲子戏剧活动,对特殊幼儿家长进行戏剧治疗的心理疗育,成为融合幼儿园中家长"喘息服务"的一种实施形式。

亲子戏剧活动的开展,虽然遵循戏剧教学活动设计的计划性和目的性,但其活动形式却可以是多元和丰富的。例如,亲子阅读之后的故事表演、诗歌朗诵剧后的表演、皮影表演、木偶表演等。

大班亲子戏剧活动:我来帮助你

【活动目标】

(1)能够完成亲子之间的合作。

(2)能够积极主动地帮助其他家庭的幼儿完成任务。

(3)感受支持与帮助对于特殊幼儿及其家庭的重要作用。

(4)增强普通幼儿家长对融合教育的责任感。

【活动准备】

一间空旷的活动室、数个眼罩、纸和笔。

【活动过程】

1.破冰活动:以游戏的方式进行参与成员介绍

游戏规则:所有参与成员,无论幼儿还是家长,围成一个圆圈,根据教师的拍手节奏,边拍手,边说出自己的名字(可以是真实的姓名也可以是代号,如白云、小花等),并用肢体动作表现出来。当介绍者说完并结束肢体表演后,所有成员按照节奏进行肢体动作的模仿。结束后,下一个成员继续。

该环节活动目的:放松心情,让家庭之间彼此了解。

2.家庭间的相互帮助游戏

游戏规则:家长或幼儿其中一人戴上眼罩,另一人成为行走的引导者。在出发之前,未戴眼罩的成员说"我来帮助你",戴眼罩的成员回应"我相信你"。开始行走后,未戴眼罩的成员要及时给戴眼罩的成员以语言提醒的方式,如向右转、慢些走等指示,以防止该成员撞到障碍物,如墙或桌子等。一定时间后,进行眼罩的交换。

该环节的目的:让家庭成员之间相互关心、信任、支持与帮助。

3.不同的家庭间的相互帮助游戏

游戏规则:不再以家庭为单位进行分组,而是进行家长与幼儿的随意组合,因此,家长所帮助的幼儿可能是别的家庭的孩子。分组后,延续上一阶段的游戏规则。

该环节的目的:引导班内普通幼儿家长近距离接触特殊幼儿和其他幼儿,了解特殊幼儿并非不可教育或"危险"的。通过合作可以打消之前的一些顾虑,激发同理心。

4.家庭集体活动

游戏规则:所有家长站成一列,所有幼儿站成一列,面对面而站,中间尽可能留出最大的空间。每一轮挑选3~5名幼儿进入留出的空间内,并戴上眼罩。家长和其他幼儿分列两边要为这3~5名幼儿提供帮助,不要让他们撞到障碍物。例如,让两名幼儿快要撞到时,附近的家长或其他幼儿要进行分开这两名幼儿行进方向的引导,避免相撞。

该环节的目的:激发所有家长的同理心,感受所有成员支持的力量,增强对全班所有幼儿的认同、关心和帮助,提升融合教育的责任感。

5.教师总结

融合教育并不是一所幼儿园或一名教师的责任,所有成员都要发挥自己的力量,为特殊幼儿及其家庭提供帮助。一个家庭的力量是微小的,但是所有家庭凝聚的力量却是巨大的。所有的孩子都是孩子,值得每一个家庭和成人对他们的帮助和理解。

> 四、儿童剧场(演出)

演员通过角色之间的语言、动作、表情等表达剧中所要传达的精神理念与情感线，塑造出丰富、有趣的戏的舞台效果，是戏剧艺术表演性的表现形式。虽然戏剧可以在舞台上将不同的故事、演员、舞台与情景等展现出无限的魅力，但对于幼儿的戏剧教育活动来说，戏剧演出或者剧场并不是必需的①。

人们对于儿童戏剧的认识无外乎是在教师的指挥下，事先排练，穿上精美的服装，在舞台上说着刻板的台词或者唱唱跳跳而已，并且上台的也就是那么几个能力强的孩子而已②。对于幼儿来说，他们似乎与戏剧的距离还是"遥远"的，与教学是"割裂"的。通过反复、刻板地让学生背台词、记动作，呈现一出"好戏"的案例屡见不鲜。对于幼儿来说，教学中的戏剧活动应把戏剧创作的空间留给学生，让幼儿自愿参与，自主选择角色，根据自己的生活经验建构出戏剧内容③。只要幼儿愿意表演和创作，教室、区角、广场等都可以成为幼儿的"剧场"。

我们并非完全排斥演出式的剧场理念，事实证明，幼儿在经历了长期的戏剧活动后确实会萌发剧场意识，例如，会在表演过程中，注意观众的方向，注意与同伴之间的站位等。教师可以在戏剧主题活动或工作坊活动之后，将戏剧活动中的"高光时刻"转变为剧场演出的形式。教师可以引导幼儿体验剧场演出的一系列合作工作，如确创设舞台、确定剧本、确定角色、挑选音乐、确定各自的分工(导演、道具师、演员、音乐播放员等)等。因此，幼儿的剧场并非只是表演，而是一系列与表演相关的工作的总和，让幼儿可以体会剧场演出的创作性和合作性。它是一个综合性活动，不是把舞台上演员的表演作为主要部分，而是培养幼儿在剧场演出筹备过程中，对剧场中各项工作的一次深层次体验和思考，更加了解戏剧工作内核，感受艺术创作者的伟大与辛苦。幼儿参与的是一次多学科、多领域的整合性活动，例如，剧场规则制定、演出票与海报的艺术设计、舞台的艺术设计、音乐与小演员剧情的配合等，将幼儿园五大领域的内容进行了实践性整合。演员的表演只是其中一个要素而已。

进行剧场式的戏剧活动的组织时，教师既需要放手给幼儿空间，也要默默关注幼儿的进度情况，在需要教师支持的情况下，及时出现并提供帮助。同时，教师还需要有清晰的活动思路：第一，要确定哪一个主题的戏剧活动适合进行剧场的改编，与幼儿讨论剧场与最终出演的幼儿。第二，根据幼儿的能力以及爱好，确定幕后工作人员的组

①　张金梅.幼儿园戏剧综合课程研究[M].南京：江苏教育出版社,2005:171.
②　陈世明,等.儿童戏剧的多元透视[M].上海：复旦大学出版社,2015:45.
③　王琳琳.教育戏剧：推动培智学校课堂教学变革的有效途径[J].现代特殊教育,2021(1):21-24.

成与分工,如导演、道具师、音响师、海报、设计师、检票员、引导员、化妆师等。分工结束后,与各组幼儿进行任务讨论,为幼儿明确自己的工作目标和需要做的事情。第三,确定演出剧目,在不影响幼儿的自主节奏的情况下,对幼儿的演出提出建议等。第四,演出结束后,组织幼儿进行工作流程的总结、评价或者下一次剧场筹备工作需要注意的要点等。

除此之外,剧场式戏剧活动最终的评价并不是表演的顺利与否,而是幼儿们在组织这一次活动中的全面参与性、工作责任性以及合作的氛围。同时,在进行工作分配过程中,教师要尤为注意特殊幼儿的"工作安排"。教师要根据特殊幼儿的特点,进行合理分工,找到适合特殊幼儿能力的工作,例如工作不能太复杂或太难。同时,在其工作范围内为寻找到适合的"工作合作伙伴"。当教师不能够及时为特殊幼儿提供支持时,同伴支持可以帮助幼儿渡过难关。最后,教师要时刻关注特殊幼儿的工作参与情况,当发现该名特殊幼儿不能胜任某项工作时,要进行及时的调整。

第四节　融合幼儿园教育戏剧活动的主题哲思

教育戏剧的实践虽然是以游戏(扮演)和趣味性活动为主,但故事却是体现戏剧生命力的核心媒介。有故事,就会有主题思想。教师与幼儿对主题思想的讨论与探索的过程,也就构成了戏剧中幼儿的参与式、建构式的学习过程。因此,从教育戏剧的本质来看,教育戏剧是在主题核心思想的引导下,教师把趣味性的方法和虚构的情景作为一种手段,不断帮助幼儿去探索和思考有重大意义的事件或问题的过程。

教师与幼儿对主题核心思想的追寻与讨论,也就决定了讨论、创造性地试验和反思势必会成为教育戏剧活动的主要实践方式。为了做好这一点,教师需要担任不同的角色,而不是简单地去当一个知道所有答案的人。他们要去引导和提问,要去不断地"入戏"和"出戏"以转换角色,要去激发幼儿和让幼儿对故事的发展着迷,要去讲述故事还要帮幼儿讲故事。教师所做的这些努力,均是为了帮助幼儿在教育戏剧活动中领悟这些重要的思想、哲理、情感等。

戏剧活动中的主题核心思想就是主题哲思,反映的是故事情节所要表达的贯穿全文的核心,是提纲挈领的深刻道理,是故事情节中努力通过各种细节来阐明的中心议题。简单地说,就是故事情节中所传达的道理和内涵。从戏剧的艺术元素来看,其中包括人物、情节、主题、对话、现场效果等,主题哲思对应的正是其中的"主题"一项。

例如,在绘本《我爸爸》中,作者安东尼·布朗通过简单朴实的语言和精心设计的排比句式,用孩子的口吻和眼光来描绘了一位既强壮又温柔的爸爸,他不仅样样事情都在行、给孩子十足的安全感,还温暖得像太阳一样。在这样的故事情节中,反映的主题哲思就是"对父爱的感受和感恩"。当把该故事改编为戏剧活动时,教师就要围绕这一主题哲思来进行活动设计,通过活动让幼儿感受父子之间浓浓的亲情,细细体验家人之间暖暖的爱意。

因此,戏剧活动中的主题哲思,是戏剧活动的灵魂和指挥棒。在活动中给孩子所传达的这些大道至简、震撼心灵的主题,也构成了教育戏剧活动与幼儿其他表演活动的重要区别。那么如何从戏剧活动的来源材料中提取主题哲思呢?

＞　一、对文本材料的反复揣摩与理解

教育戏剧活动制定科学且具有意义的主题哲思,第一个环节是教师对文本材料的反复阅读、思考、揣摩与理解。教师对该材料把握的成熟度,决定着主题哲思凝练的科学性和适切性。以绘本《桥》改编的戏剧活动为例,该绘本的故事情节如下:

> 河水知道很多很多故事,它也知道这座桥的故事……
>
> 一天早上,一只胖墩墩的大熊准备从河左岸过桥。正在这时,一个巨人准备从河右岸过桥。他们都要通过这座又窄又长的桥。大熊和巨人正好在桥中间相遇了。大熊直起高大的身体,摇着头,气汹汹地吼叫起来。不,他不想往回走。他才不想给巨人让路呢。巨人一动不动地站在原地。不,他也不想往回走。桥太窄了,他们不可能并排着走过。
>
> 这时,桥开始摇摇晃晃,看起来很危险。"我们必须想个办法。"巨人说。大熊点点头。"我有一个主意。"大熊嘟哝道,"你跳到河里,让我过去。""要不你跳吧!"巨人小声说。大熊和巨人你看看我,我看看你,充满了敌意。巨人想了想说:"你爬到我身上来,我把你举到头顶,然后……""那样我们俩都会掉下去。"大熊说,"这不是什么好办法。"
>
> "有了!"巨人突然叫出声来,他向大熊走近一步,说:"我扶着你,你扶着我,这样谁都不会掉下去。然后我们转着身走。""好。"大熊说。大熊和巨人紧紧地抱在一起,看起来就像在跳舞。他们一点儿一点儿地挪动脚步,每走一步,就移动一点点。他们牢牢地抱着对方,一起在高高的空中转动。最后,大熊和巨人都转到了他们想去的那一边。
>
> "谢谢你。"巨人说。"谢谢你。"大熊说。他们乐呵呵地像朋友一样挥手告别,然后就各自赶路了。河水知道很多很多故事,它也知道这座桥的故事……

该绘本的情节内容跌宕起伏,张力突出,角色的特点明显,是非常适合改编成戏剧活动的一本绘本。在该故事情节中,故事的张力(矛盾)部分、矛盾解决的过程以及结果之间构成了教师进行主题哲思确定的主要内容。教师就要对该逻辑思路进行梳理和揣摩,即矛盾出现(身形巨大的巨人与大熊相遇在摇摇欲坠的木桥上,各不相让)—解决过程(提出三个解决方法:大熊提出让巨人跳河里、巨人提出让大熊爬到他的身上、相互扶着且转着身走)—故事结局(大熊和巨人紧紧地抱在一起,看起来就像在跳舞,一点儿一点儿地挪动脚步,大熊和巨人都转到了他们想去的那一边,最会挥手告别,各自赶路)。

经过故事梳理后,教师会发现,"矛盾""冲突""拒绝与接纳""猜忌与信任"等内容是一直充斥在图画与文字之间的,如文字描述中"熊直起高大的身体,摇着头,气汹汹地吼叫起来",以及图画中作者采用的俯视视角以及细节放大的技术处理,让我们看到了大熊怒气冲冲的眼神、巨人不屑一顾的表情等画面,彼此之间形成的一种"对抗关系",在文字与图画之间非常显而易见地呈现了出来。对这种"对抗关系"的理解,就可以作为教师对该文本的初步理解和揣摩。

> 二、主题判断和提炼

教师对故事情节有了基本理解后,会对故事情节形成不同的想法。当我们从不同的视角去看故事情节时,势必会让我们收获不同的主题。同时,对于故事情节来说,并不存在完全单一的故事情节线。因此,教师就需要从众多的角度以及主题中,聚焦最适合开展幼儿戏剧活动的主题,或者选择与近期幼儿园教学主题相适应的内容等。

例如,在绘本《桥》中,当教师从问题解决的视角看大熊与巨人的关系时,得到的主题就是"对抗与和解";当教师从二者的内心世界看待这一过桥事件时,得到的主题就是"猜忌与信任";当教师从故事的最后结局来反思这个矛盾事件时,看到的主题就是"合作与接纳"。通常,幼儿的一堂戏剧活动课最多只有30分钟,因此,一次活动仅限于一个主题的探索与思考。教师需要在众多的主题中筛选最适合的主题,并对主题进行提炼。

当该绘本改编的戏剧活动在融合幼儿园的环境下实施时,教师鉴于在幼儿园一日活动中,普通幼儿拒绝与排斥特殊幼儿的情况屡有发生,为让幼儿理解彼此接纳和合作的重要性,因此,最终教师提炼出"对抗的终止,便是合作的开始"的这一活动主题哲思。通过幼儿入戏至大熊与巨人的角色中,感受对抗与合作的关系。

> 三、剧情改编,建构人物

无论何种材料,如绘本、儿歌、童谣等,都无法直接进行戏剧活动的开展。这是由于在进行戏剧活动时,需要给幼儿提供清晰的情景背景、鲜明的角色特征和行动方向、戏剧张力(矛盾)的发生过程等。这是由幼儿的身心发展特点的局限性所决定的,他们难以理解过于抽象的角色和情节内容,尤其是参与者中的特殊幼儿,他们难以在抽象的情节以及难以理解的情节中进行戏剧创作。这种清晰的故事情节的改编,实际上就是教师让故事和角色更加具体和清晰地呈现在幼儿面前,便于不同发展水平的幼儿理解故事内容,并对角色产生认同和共情,让故事情节对所有幼儿起到一种通用性。

在绘本《桥》的情节改编中,教师加入了大熊和巨人为什么会相遇在桥上,且互不相让的背景,这就为幼儿在活动中通过戏剧的形式去感受角色之间的对抗,以及探索如何解决这样不可调和的矛盾,提供了重要的情景支撑,梳理了大熊和巨人之间的矛盾的前因(画线部分)。改编内容如下:

> 从前有一条河,河的两岸有两座高高的、看着有点危险的山峰,在两座山峰之间有一座看着有点危险的小桥,风一吹,小桥就摇摇晃晃的。一天,大熊起床,伸个懒腰,打个哈欠,伸头看看外面的阳光,心想,<u>这么好的天气到河对面的森林里找找香甜的蜂蜜吧</u>。于是他懒懒地起床、穿衣、刷牙、洗脸,胡乱地吃了两口鱼干,大摇大摆地走向小桥的方向。

> 与此同时,住在河对岸的一个巨人,也刚刚起床,伸个懒腰,打个哈欠,伸头看看外面的阳光,心想,<u>这么好的天气到河对面的集市上买点香甜的面包吧</u>。于是他懒懒地起床、穿衣、刷牙、洗脸,胡乱地吃了两口饼干,大摇大摆地走向小桥的方向。

除此之外,由于该绘本中,对于大熊和巨人在桥上相遇后对峙的情景是用图画来进行呈现的,因此,教师对图画内容进行了文字描述:

> 这时,大熊看到了大摇大摆走过来的巨人,于是他喘着粗气、瞪着圆圆的眼睛,龇着尖利的牙齿,张着可怕的爪子,直直地看着对面的巨人,并一步一步地走到了桥的中间。

> 巨人也看到了对面的大熊,于是他也瞪着圆圆的眼睛,双手叉着腰,气势汹汹地看着大熊,也一步一步地走到了桥的中间。

在将故事情节全面解释清楚,并且将角色勾勒得更加清晰之后,就可以进入下一环节的活动设计了。

> ## 四、设计活动的内容,对主题层层铺垫

教师确定了戏剧活动的主题哲思后,需要通过环环相扣的活动设计来铺垫故事的

主题哲思。戏剧活动是要让幼儿在活动中由远及近地逐渐感受主题的深刻性,而不是在活动中直接由教师告知,这个故事告诉我们什么。戏剧活动是让幼儿通过活动的设计,自己去发现这一主题,并对这一主题产生认同,即让幼儿必须去面对、探索且解决故事人物或自己所面临的问题与情境,由此而生成对主题哲思的反思和思考。

在戏剧活动"桥"中,教师为让幼儿感受对抗与合作之间的关系,教学设计内容如下:

第一课时　引入故事情境

1.热身活动:走走停停+表演游戏

通过戏剧游戏提升参与者的各种能力,包括想象、创造、沟通、合作等。同时也可以作为对主题活动的导入,让参与者对特定主题有预备和思考。

2.微缩小剧场

在"微缩小剧场"中搭建了与故事相关的环境,拓展故事情节,让角色更加饱满和立体、让孩子们对各个角色形成认同。

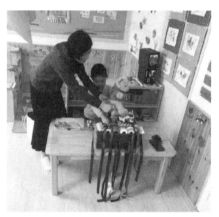 

3.建构情景

教师采用"墙上的角色"教学策略(这是以图形图像形式记录角色资料的手法,引导参与者把角色的性格、特点、爱好、重要台词、只言片语、想法或感受等写在图像上),引导幼儿对河、桥、大熊、巨人进行讨论和分析。任务如下:

(1)给这条河和这座桥起个名字。

(2)勾勒大熊和巨人的特点。

教师提前做好大熊和巨人的图片,发给各组幼儿(将全班幼儿分为四个组),让幼儿通过组内讨论,可以画出大熊和巨人的特点。当幼儿提出可表演的点时,鼓励幼儿进行表演。

第二～三课时　感受对抗与合作

1.讲述故事的发生

采用"故事圈"的教学策略,教师与幼儿一起即兴表演故事。故事情节如下:

从前有一条河,河的两岸有两座高高的、看着有点危险的山峰,在两座山峰之间有一架看着有点危险的小桥,风一吹,小桥就摇摇晃晃的。一天,大熊起床,伸个懒腰,打个哈欠,伸头看看外面的阳光,心想,这么好的天气到河对面的森林里找找香甜的蜂蜜吧。于是他懒懒地起床、穿衣、刷牙、洗脸,胡乱地吃了两口鱼干,大摇大摆地走向小桥的方向。

与此同时,住在河对岸的一个巨人,也刚刚起床,伸个懒腰,打个哈欠,伸头看看外面的阳光,心想,这么好的天气到河对面的集市里买点香甜的面包吧。于是他懒懒地起床、穿衣、刷牙、洗脸,胡乱地吃了两口饼干,大摇大摆地走向小桥的方向。

这时,对面的大熊看到了大摇大摆走过来的巨人,于是他喘着粗气、瞪着圆圆的眼睛,龇着尖利的牙齿,张着可怕的爪子,直直地看着对面的巨人,并一步一步地走到了桥的中间。

巨人也看到了对面的大熊,于是他也瞪着圆圆的眼睛,双手叉着腰,气势汹汹地看着对面的大熊,也一步一步地走到了桥的中间。(注:画线部分为幼儿进入故事圈表演的内容)。

2.设计"对抗"时的角色对话

出示前一节课的性格特点,引导幼儿设计,当大熊和巨人同时在桥上彼此不相让时的对话。

3.即兴表演"对抗"情节

设计结束后,引导幼儿根据对话(用表情、肢体、对话等)表演出对抗的环节。

4.时光闪回:他们为什么对彼此气势汹汹

采用"时光闪回+定格"的戏剧策略,呈现大熊和巨人在过去的时间里发生过什么事情,让二者彼此互不相让。

教师出示两张图片,将全班分为两组,每一组幼儿根据图片内容,将发生在大熊和巨人之间的故事进行表演呈现。通过该环节,幼儿可以理解到,原来大熊和巨人之间一直有着很深矛盾,也就理解了为什么在桥上会对彼此气势汹汹,互不相让。

大熊喜欢唱歌,但巨人认为很吵　　　　巨人砍光了大熊家附近的树

5.给大熊和巨人的建议和忠告

针对大熊与巨人长久以来的矛盾,以及桥马上就要在二人的僵持下断了的问题,教师采用"良心巷"的戏剧教学策略,引导幼儿分别给大熊和巨人意见,以解决二人之间一直以来存在的矛盾。

6.讨论过桥的方法

(1)即兴表演:桥要塌了

引导幼儿感受必须要合作解决问题的迫切性和重要性。

(2)找到过桥方法

教师引导幼儿思考,"如何帮助他们两个安全地过桥"。教师对幼儿的解决方法进行记录。

(3)试验过桥方法

对幼儿的过桥方法进行角色表演,找到适合的过桥方法,并对幼儿试验过的方法进行总结。

7.情景表演:像朋友一样告别

引导幼儿感受,合作解决了问题之后的开心和踏实。情景表演内容如下:

最后,大熊和巨人都转到了他们想去的那一边。

巨人对大熊说……(幼儿自行补充)

大熊对巨人说……(幼儿自行补充)

他们乐呵呵地像朋友一样告别,然后就各自赶路了。

第四节课　架起一座友谊的小桥

1.集体绘画

引导幼儿画一座象征大熊和巨人的桥,也可以运用废旧材料进行手工制作。

2.仪式表演

采用"仪式"的戏剧策略,引导幼儿以大熊或巨人的角色在通桥仪式上发言。

以上就是根据绘本《桥》改编而来的四节戏剧教学活动,通过活动的层层铺垫,幼儿感受到合作与对抗之间的关系,理解有些问题看似尖锐,实则简单,也学会了宽容、乐观地面对世界,解决问题。总之,如果说故事是让幼儿参与到戏剧中的关键驱动力,那么教师必须注意如何设计活动的主题哲思和活动顺序,才能帮助幼儿对问题有深入的思考,同时又可以升华故事内涵。

第六章

融合幼儿园教育戏剧的教学实践模式

戏剧不限于舞台,教育戏剧更是现场艺术与教育兼备的旅程! 它强调的是"游戏与创造""参与与合作""协商与分享""情境与体验"的建构式学习,鼓励参与者在与他人的互动中建立学习共同体,通过讨论、创造性地试验和反思来共同学习。在戏剧中,就如同在其他所有艺术活动中,玩正是所有人要做的。在学前融合环境中,教师如何带领幼儿去玩戏剧,让幼儿了解每一个同伴都是学习共同体的一员,在游戏和学习中人人平等、人人均可尽其所能,则需要教师具备指导教育戏剧教学实践的综合素养。

第一节　融合幼儿园教育戏剧教学的实施程序

幼儿生来就有扮演的冲动和爱幻想的天性。但在对幼儿"戏剧"的传统认知中,教师为了迅速得到理想的"表演效果",会给孩子在动作、手势上,甚至语气、音调上做示范,让孩子模仿。这种刻板的外在形式表演缺少幼儿自己的思考,实际上距离真正的戏剧教育仍差之千里。真正的教育戏剧从不以"表演"为目的,而是作为教学的方式和媒介,为孩子提供从参与到启发再到赋能的成长经历,让他们逐步掌握思考问题、探索知识、创作表达、提升全面发展的能力。在学前融合教育环境下,兼顾普特幼儿之间的差异化发展特点,建立科学、有效的戏剧教学实施程序,对于教师开展高质量教育戏剧活动至关重要。

> 一、课前准备:建立戏剧化情景

教育戏剧从活动形式上是一种即兴的、非表演且以参与过程为主的戏剧活动方式。在戏剧活动中,干预者引导参与者去探索、发展某一个重要问题,或运用肢体与语言创造某一种艺术,或即兴表达与沟通彼此的感受与想法等。在团体的互动中,教师既以一种"全局掌控者"的身份,也以一种与参与者一样的"问题解决者"的身份而存在于戏剧活动中,既帮助参与者把握活动的节奏与程序,又要鼓励参与者自由创造、寻找答案。对于教师来说,如何拿捏住角色间"收"与"放"的关系,就有一定的挑战,需要教师在课前做好充足的准备。

（一）充分了解教育对象

教师在戏剧活动中需要以"引导者"的身份去促进幼儿的互动与接触，帮助幼儿寻找问题解决的方式，而教育对象的认知特点、思维特点、语言特点以及同伴互动的方式等都会影响教师对幼儿的引导方式。尤其就融合环境中的特殊幼儿来说，他们的能力发展水平显著低于普通幼儿的水平，且在身心发展的各个方面均具有较大差异性。因此，教师在组织活动之前，需要对特殊幼儿的认知水平、特殊幼儿的情绪与行为特点、特殊幼儿的活动参与状况、普特幼儿交往状况、普特幼儿在教室课堂中的表现、幼儿与教师在课堂教学中的互动等方面进行充分的了解。这对于后期戏剧教学活动设计与组织、处理戏剧教学活动中的突发事件等具有预备性的作用。

（二）选取适当的戏剧故事材料

如何选择适合于戏剧活动的故事对于戏剧活动的顺利进行具有重要的影响。选取故事材料有以下几个标准：

第一，绘本或故事中的角色来源于幼儿的生活，是幼儿所喜闻乐见的。例如生活中常见的动物、植物或者幼儿熟悉的人物角色。

第二，故事情节有幼儿发挥想象的空间。例如，在《巨人的花园》绘本中，故事中讲述了巨人的花园是世界上最美丽的一座花园，那么最美丽的花园是什么样子的呢？教师借此可以引导幼儿运用肢体去创建巨人的花园。在"老鼠娶新娘"活动中，故事只讲到大黑猫抓住了美叮当，村里最勇敢的小老鼠把美叮当救了出来，但是故事并未深入描述如何解救的这一部分内容，这就为幼儿即兴创作和表演这一部分内容提供了极大的想象空间，成为戏剧活动开展的重要契机。

第三，故事情节中存在"张力"。张力即故事中的矛盾或者问题出现的地方，在故事中正是因为这些张力，才能够让幼儿去合作解决这些问题，激发幼儿一起完成任务的决心。例如"古利和古拉"戏剧活动中，两只小老鼠古拉和古拉一起到森林中采野果子，但是半路上遇见了一个超级大鸡蛋。故事讲到此处，故事张力就已经渐渐出现，幼儿就会有问题出现，例如，两只小老鼠太小了，如何把鸡蛋运回家呢？把鸡蛋运回家后该做什么好吃的？正是因为这一个故事中张力的出现，给了幼儿进行问题解决的契机，在活动开展中，幼儿就如何把超级大的鸡蛋运回家这一个问题进行了激烈讨论和试验，从而获得了同伴合作的体验，同时了解了日常生活中遇见重物如何处理的生活经验。

第四，故事的角色之间有频繁的互动。戏剧在本质上，就是通过不同的角色之间的对话、表情、动作的综合性演绎，来塑造故事情节走向，让故事的推进更具有趣味性和艺术性。在幼儿的戏剧活动中,通过不同幼儿扮演的角色之间的互动推进故事,正是激发幼儿积极参与戏剧创作的主要动力。例如,在"你笑起来真好看"活动中,有毛毛虫、鳄鱼、蜗牛医生、地鼠等角色,不同角色之间有不同的互动方式,如毛毛虫赛跑、鳄鱼吃掉毛毛虫、鳄鱼拔牙、毛毛虫帮助小动物抓地鼠等环节。不同角色之间的互动成为本次活动中触发幼儿彼此接触和合作并进行情景创作的主要动力。

第五,故事情节要生动有趣。故事情节生动才能吸引幼儿进入戏剧情景解决问题。例如,在《帕拉帕拉山的妖怪》故事中,讲述的是小猪噜噜去长脖子村收钱,晚上当他回家时,在山上遇到了猛兽,于是他连滚带爬回到村子里,告诉村长和村民这件大事,于是村民们想出各种有趣的招数对付猛兽。例如,躲在水里,结果被螃蟹夹了;挖了陷阱,结果自己掉进了陷阱;躲到树上,被鸟啄得头上都是包等。最后当幼儿们知道原来村民们害怕的猛兽其实是豪猪的影子时,全班幼儿哈哈大笑,对该故事表现出了浓厚的兴趣。幼儿对故事的兴趣程度,将直接关系幼儿在戏剧活动中创作活动的深入程度以及角色认同感等。

(三)确定戏剧活动的队形

教育戏剧活动的开展根据不同的戏剧活动的需要,教师需在空间内设计便于活动的队形,方便教师在实施活动的过程中能够看到和关注到每一名幼儿,并确保幼儿与幼儿之间是便于互动与交往的形态。对于年龄较小的幼儿,可以用彩色胶带在地上定点的方式确定幼儿的位置,帮助幼儿确定其活动的范围。戏剧活动中常用的队形包括圆形、双圈圆形、三面环绕形、两边对立形、四面环绕形以及四线排队形[①](图6-1)。

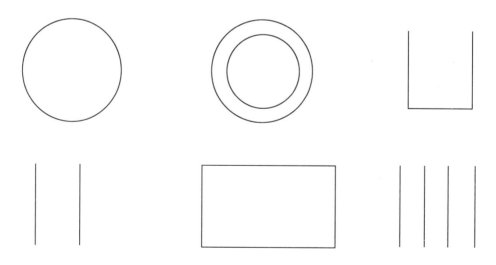

图6-1　戏剧活动中常用的队形

---

① 林玫君.儿童戏剧教育活动指导[M].上海:复旦大学出版社,2019:49.

（四）教学资源的准备

在教育戏剧活动的开展中，无论教育对象的特点如何，都需要一些道具、辅具以及音乐等来帮助参与者发挥想象，使其进入戏剧情景。教学资源可分为以下几类：

第一，物品或道具的使用。物品或道具一方面可以用于戏剧开始之时，帮助幼儿建立戏剧情景中对主人公的直观印象。例如在"桥"活动中，干预者在活动导入部分通过小熊、巨人、鱼、河水、桥、小船等道具，向幼儿展示了该故事的发生背景，这样一来幼儿对故事发生的背景就有了直观的认识和感受，为后续戏剧即兴创作奠定了基础。另一方面，可以增加幼儿对某一角色的理解，如，在人物模仿上，加上配件、衣服或者头套等可以代表某个典型角色，例如国王的王冠、女巫的尖顶帽和魔法棒、兔子的耳朵等。

除此之外，教室中可以准备一些具有通用性质的道具，例如蓝色的布料可以代表蓝天或者大海；各种纸箱可以成为戏剧情景中的车子、房子等。通用性的道具可用于多个戏剧活动中。如果故事情节需要，还可以加入真实的物品等。

第二，故事资源包的使用。为使特殊幼儿了解故事发生的过程，教师可以将故事发生的所有角色与场景在一个小木箱中进行"微型小剧场"的表演，让相关故事情节在教师所准备好的各种道具或人偶的木箱中演出。例如"请问你是女巫吗"，干预者将女巫出现之前，于木箱中构建了一个图书馆的场景，"孤单小黑猫的故事"就在木箱中对幼儿进行了展示。"森林照相馆"活动中，教师在木箱中打造了大熊的照相馆的场景，包含在内的所有的物品和道具都成为该故事的资源包（图6-2）。

图6-2　干预中所使用的故事资源包

第三，音乐的准备。音乐对于戏剧氛围的营造具有重要的影响，适合的音乐可以帮助幼儿迅速进入戏剧情景中。在戏剧活动中常用的音乐可以分为几大类：第一类是节奏欢快的音乐，用于轻松愉快的活动或故事中；第二类为轻柔抒情的音乐，可在讲述安静、亲情等情景时使用；第三类为节奏感强的音乐，用于肢体快速变换或者烘托开心氛围、快乐心情等相关活动中；第四类为伤感的音乐，用于孤单、悲伤等情景；第五类为营造紧张气氛的音乐,如当某些负面人物或者恐怖的角色出场时使用等。

> ## 二、戏剧活动实施:进入戏剧化情景

该部分是教育戏剧模式应用于课堂中的实践环节。教育戏剧常用的实施模式有四种:故事戏剧教学模式、角色戏剧教学模式、过程戏剧教学模式以及多元探究教学模式。在学前融合教育环境中,教师需要根据特殊幼儿与普通幼儿的学习特点,并融合集体教学的特点等对上述戏剧教学模式进行适宜的调整,以保障所有的幼儿在该模式开展时能够融入其中。经过实践探索,在原有四类戏剧教学模式的基础上产生的故事戏剧教学模式、问题解决式戏剧教学模式、角色表演式戏剧教学模式、口述表演式戏剧教学模式均适合于学前融合环境中的戏剧教学开展。

其中,故事戏剧模式来源于将静态故事进行现实动态演绎的过程中,该模式将故事、绘本等文学作品作为戏剧教学主题,围绕故事情节的延展与推进而展开参与对象间的互动式戏剧创作。该模式的实施分为"暖身游戏""故事导入""发展故事""创作故事""反思与讨论"五个步骤。

问题解决式戏剧模式以问题为导向,激发学生在戏剧情景中的问题意识、探究精神。该模式分为"暖身游戏""故事导入""设定故事情境,进行角色扮演""问题呈现""讨论解决方案,形成解决共识""扮演共识内容""发展故事结尾"七个环节。

角色表演式戏剧教学模式是学生通过角色扮演、模仿、肢体创造、游戏等发挥想象力和创造力,进行自我或团体的艺术性表达。该模式可分为"暖身游戏""故事导入""表演练习""分享与呈现""故事反思""情节再创造"六个环节。

即兴表演式戏剧教学模式是由教师口述故事,学生以哑剧即兴表演的方式来呈现故事情节,涉及学生的语言理解力、艺术感受力、自我表达能力、自我决定能力等。该模式可以与前几种戏剧教学模式混合使用,也可以单独作为教学模式使用,分为"热身游戏""与表演主题相关的问题导入""表演练习""即兴表演""讨论与反思"五大环节。

> ## 三、课后延伸:戏剧化情景的延伸

教育戏剧活动结束之后,教师可通过绘本阅读、渗透至五大领域教学、区角角色扮演等方式进行戏剧化情景的延伸。

(一)绘本阅读活动

虽然教育戏剧是以绘本为基础进行的戏剧活动设计,但是由于特殊幼儿的认知与学习特点的特殊性以及戏剧活动的扩展性,需要对绘本进行适当的调整,例如增加绘

本中的角色,扩展绘本故事情节,改变绘本的故事情节走向以便于幼儿进行合作活动等。因此,在教育戏剧活动之后,教师可以将绘本作为拓展材料与幼儿共读。在戏剧活动的基础上,幼儿通常已将绘本中的角色进行了扮演和探讨,对绘本中的情节有了较好的理解;当教师带领幼儿共读绘本时,幼儿由于对绘本内容已经有了较好的理解,教师将绘本中的角色展示在幼儿面前时,幼儿会很自然地将自己与同伴扮演的形象与图画中的角色扮演相对比,容易引起兴趣与共鸣。

例如,在"小种子"戏剧活动后,幼儿在教师的口述引导下完成了小种子从泥土中钻出,由一棵小树苗成长为参天大树的即兴表演,幼儿在表演中对小种子困难地钻出地面,躲避吃种子的小老鼠等情景体会深刻。在幼儿的心目中,自己表演了小种子艰难的成长历程,就像自己也经历了那些困难却坚强的成长历程一样,对小种子的形象产生了较高的认同感。在课后,当教师再次将《小种子》的绘本讲读给幼儿时,幼儿可以更加深入地理解一颗小种子的坚韧力量与乐观向上的生活态度。

(二)领域教学中的扩展

戏剧课中所选取的主题、角色等均是与幼儿在日常生活中可以见到的,戏剧课结束后,可以将戏剧课中的某部分内容融入幼儿园的常规教学与活动中。例如,在"古利和古拉"戏剧活动中,幼儿对于古利和古拉捡到的大鸡蛋能做什么好吃的,有较大的分歧,幼儿列出了鸡蛋可以做出的众多美味食品,如冰淇淋、鸡蛋饼、鸡蛋汤、蛋糕等。干预者与该班级的教师发现了幼儿对这一部分内容具有很大的兴趣之后,在后续的一周时间内,召集班里的家长与小班幼儿共同组织了"魔幻厨房之蛋类食物真好吃"亲子活动,将戏剧课中幼儿感到意犹未尽的内容与幼儿的日常生活相联系,使幼儿的想法在后续的活动中得以实现,也将戏剧活动的内容进行了生活化的延伸,将戏剧融入现实。

活动方案:魔幻厨房之蛋类食物真好吃

【活动目标】

(1)巩固戏剧课中幼儿对蛋类食物的认识,了解蛋类食物品种丰富。

(2)主动参与蛋类食物的制作,学会做蛋卷、三明治等蛋类食物。

(3)喜欢吃各种蛋类食物,愿意和同伴分享食物。

【活动准备】

(1)邀请家长现场制作蛋类食物,向家长介绍活动意图,与家长共同备课。

(2)蛋若干,电磁炉、锅、铲子、餐具等,各种调料,幼儿提前穿戴围裙、厨师帽。

(3)教师自制"蛋类食物真好吃"的课件。

【活动过程】

1.播放课件"蛋类食物真好吃",激发幼儿制作兴趣

播放课件,展示各种蛋类食物,引导幼儿说一说戏剧课中古利和古拉用鸡蛋做了什么食物,是如何做的? 自己吃过哪些蛋类食物、味道怎样等?

2.家长现场制作蛋类食物,引导幼儿了解制作的过程

(1)家长向幼儿介绍制作用的食材、调味品、工具。

(2)请幼儿看家长现场制作鸡蛋饼、煮鸡蛋、炒鸡蛋、煎鸡蛋,听家长讲解制作步骤与方法。

3.指导幼儿制作蛋类食物,感受制作成功的愉悦

(1)播放课件,呈现鸡蛋卷、鸡蛋沙拉、鸡蛋吐司、鸡蛋三明治等图片,引导幼儿仔细观察,师幼共同讨论、梳理制作方法。

(2)将幼儿分成4组,现场制作蛋类食物。

制作前,引导幼儿根据自己的制作内容选择相应的食材、工具、调料等。

重点提醒幼儿注意:做鸡蛋卷的时候要卷紧、卷牢;切鸡蛋丁的时候要大小均匀;做鸡蛋三明治时,两片面包一定要压紧,防止散开。随时提醒幼儿注意卫生。

4.组织幼儿展示、交流作品,分享美味的食物

(1)引导幼儿连贯、清楚地向同伴介绍自己制作的蛋类食物。

(2)组织幼儿和小伙伴分享蛋类食物,体验分享的快乐。

(三)区角中的角色扮演

班级内实施单次戏剧活动的时间为30~40分钟,在有限的时间内,教师无法保障所有幼儿在戏剧活动中都进行了充分的展示与表演,也不能确定戏剧扮演游戏是否满足了所有幼儿的游戏需要。因此,在这样的情况下,将表演延伸至角色扮演区应该成为戏剧课后重要的活动。

例如,在"野兽国"活动后,幼儿对于故事的主人公麦克斯和野兽国的野兽们在森林中玩闹三天三夜的情景百玩不厌。但是由于幼儿人数众多,在有限的时间内,教师需要考虑整体活动流程的实施,因此无法保障让每一名幼儿在该活动中满足其游戏的需要。教师可以在本次活动结束后的区角游戏时间时,再次以"野兽国国王"的身份,准备相关道具,对"森林狂欢"环节进行延伸。

图 6-3　"野兽国"活动后的区角游戏

第二节　教育戏剧与幼儿园五大领域教学的整合式实践

我国 2001 年公布的《幼儿园教育指导纲要(试行)》将幼儿园的教育内容划分为健康、语言、社会、科学、艺术等五大领域,各个领域内的内容可以相互渗透,从不同的角度促进幼儿情感、态度、能力、知识、技能等方面的发展。各领域内容要有机联系,相互渗透,注重综合性、趣味性与活动性。2012 年教育部印发的《3—6 岁儿童学习与发展指南》再一次提出,要关注幼儿学习与发展的整体性。儿童的发展是一个整体,要注重各领域之间、目标之间的相互渗透与整合,而不是片面追求某一个方面或几个方面的发展。

由此可见,在幼儿园教育中,注重"渗透""整合"的"综合"发展是国家层面的幼儿园教育理念的不变的导向。但是,从幼儿园的实际教学情况来看,幼儿园一般根据健康、语言、社会、科学、艺术等五大领域开展主题活动,各领域分别进行教学,但由于各个领域之间的内容具有一定的互通性,教师很难就一个单独的领域开展教学,既不能以单独领域开展教学,也不能在现有的五大领域中找到一个领域去涵盖其他领域的内容,这就需要一个可整合五大领域教育内容的"工具",进入幼儿园的课程体系中,将现有的五大领域内容有机整合起来。

戏剧作为一门综合性学科,与音乐、舞蹈、认知、语言、文学、社会等内容具有天然的联系。各个部分的内容可以综合性地体现在戏剧中,并可以通过戏剧为媒介实现各个部分内容的整合。幼儿认知、知识、技能、情感、态度等发展,均能综合性地体现在戏剧参与过程中。戏剧对其他领域的整合性优势,与幼儿园教学实施中的整合性需求彼此契合,易于在当前幼儿园的大教学主题下开展活动。教师可采用两种整合教育戏剧与幼儿园五大领域的实践方式,即根据教育戏剧与教学主题的各自延伸范围进行划分,分别是"大主题、小戏剧"和"大戏剧、小主题"。

> 一、"大主题,小戏剧"

"大主题,小戏剧"使幼儿园常规的活动主题得到了扩充,是整合教育戏剧主题的实践方式。即在教育戏剧的实施中,教育戏剧作为一种特色资源,存在于幼儿园常规教学体系之中,是在幼儿园大主题(月主题、周主题等)之下的一个独立的教学体系,将戏剧活动适时地融入主题网络中。教育戏剧教学只是幼儿园大主题教学中的一部分。在相关月主题或周主题的脉络之下,教育戏剧按照戏剧原有的实施方式与程序进行独立教学即可。

以"古利和古拉"戏剧活动为例。幼儿对该戏剧活动内容非常感兴趣,尤其是两只小老鼠搬运鸡蛋、用鸡蛋做成美味事物、邀请森林小伙伴共享食物等情节。在此次戏剧活动后,小班以课后延伸的方式进行了"魔幻厨房之蛋类食物真好吃"亲子活动。在这个基础上,幼儿园进行主题教学的调整,将"蛋宝宝的秘密"作为全园的教学主题,进行了将戏剧活动与常规教学相结合的探索。在这一大主题中,戏剧活动在第二周与第三周进行,只是作为主题教学脉络中的一部分进行呈现。

该小班的主题教学"蛋宝宝的秘密"的活动设计持续三周,分别有"蛋儿多又多""蛋儿把门开""蛋儿变变变"三个子主题(表6-1)。其中,戏剧课《古利和古拉》在第二周和第三周时进入课堂。第一周"蛋儿多又多"系列活动(表6-2),先为幼儿了解鸡蛋作铺垫,在幼儿了解了鸡蛋的基本知识后,进行戏剧课教学与后续的教学活动,便于幼儿将前经验用于在后续教学活动中。

表 6-1　小班月主题"蛋宝宝的秘密"与戏剧活动的结合

月主题	周主题	活动	内容
蛋宝宝的秘密	蛋儿多又多	活动区活动	蛋糕房
			蛋壳彩绘
			荷包蛋
			做蛋糕
			生蛋熟蛋大比拼
			让蛋宝宝站起来
			用雪花片制作蛋宝宝
			鸭妈妈找蛋

月主题	周主题	活动	内容
蛋宝宝的秘密	蛋儿多又多	教学活动	大大小小的蛋
			剥蛋
			鸭妈妈找蛋
			美味的蛋
			制作荷包蛋
		户外体育活动	护蛋小勇士
			蛋宝宝学本领
	蛋儿把门开	活动区活动	蛋壳贴画
			蛋宝宝找妈妈
			鸡的一生
			醋泡蛋
			鸡妈妈和宝宝
			母鸡生蛋
			小小蛋儿把门开
		教学活动	古利和古拉
			小小蛋儿把门开
			小鸡叽叽叽
			小鸡快跑
			会生蛋的动物
		户外体育活动	蹲蹲下鸡蛋
			老鹰抓小鸡
	蛋儿变变变	活动区活动	蛋蛋餐厅
			鸡蛋不倒翁
			七彩蛋
			蛋宝宝变形记
			蛋宝宝的家

续表

月主题	周主题	活动	内容
蛋宝宝的秘密	蛋儿变变变	教学活动	半个蛋壳
			古利和古拉
			魔幻厨房
			图形宝宝
			保护蛋宝宝
		户外体育活动	小鸡吃虫
			鸭宝宝找家

以第一周"蛋儿多又多"活动为例(表6-2),第一周的教学内容主要为幼儿后期开设戏剧活动"古利和古拉"以及后续的教学内容提供基础,让幼儿理解蛋可以做成哪些食物、如何保护鸡蛋等问题。第一周虽然并未进入戏剧活动中,但是相关内容设计与第二周的戏剧活动息息相关,有了第一周学习的经验,在进行《古利和古拉》活动时,对于如何处理森林中遇到的鸡蛋就有了经验,并将第一周学习的内容进行实践巩固。

表6-2 第一周"蛋儿多又多"活动

活动区活动	角色扮演区 ·蛋糕房 　积极参与活动,自主扮演糕点师、售货员、顾客等角色。 美工制作区 ·蛋壳彩绘 　用绘画的方式装饰立体蛋壳荷包蛋。 益智游戏区 ·做蛋糕 　活动将水果卡片有规律地粘贴在圆形蛋糕纸上,把蛋糕装饰漂亮。 ·生蛋熟蛋大比拼 　积极参与活动,观察生蛋和熟蛋的不同,尝试用多种方法辨别生蛋、熟蛋。 科学发现区 ·让蛋宝宝站起来 　探索让蛋宝宝站起来的多种方法,获得有关物体支撑的经验。 拼插建构区 ·蛋宝宝 　在掌握"一"字插的方法的基础上,学习将雪花片一个一个地拼插,最后首尾相连,形成一个封闭的圆。 语言阅读区 ·鸭妈妈找蛋 　自主阅读图书,会说角色对话,尝试戴头饰与同伴合作表演故事。

续表

教学活动	1.大大小小的蛋(科学领域) 2.剥蛋(健康领域) 3.鸭妈妈找蛋(语言领域) 4.美味的蛋(健康、社会领域) 5.荷包蛋(美术领域)
生活活动	1.引导幼儿猜有关蛋的谜语。谜面:一头大,一头小,不是橄榄不是长在肉外面,宝宝吃了身体好。 2.加餐环节鼓励幼儿自己剥开蛋壳,帮助幼儿提高生活自理能力。 3.请幼儿轮流到饲养角的鸡窝拾鸡蛋。
环境创设	1.制作鸡、鸟、蛇等蛋生动物孵化过程海报,布置"蛋宝宝这样长大"专栏。 2.投放有关会生蛋的小动物的图书,引导通过图书阅读,帮助幼儿了解哪些动物会生蛋。 3.在"百宝箱"里放入蛋和类似蛋的物品,如乒乓球、玩具蛋、石头、网球等,让幼儿摸一摸,辨别哪些是真的蛋宝宝、哪些是假的蛋宝宝。
家园社区	1.请家长带幼儿到菜市场认识常见的蛋,如鸡蛋、鸭蛋、鹌鹑蛋等。 2.请家长和幼儿一起准备各种蛋类食品,引导幼儿参与制作过程,将食品带到幼儿园与同伴分享。 3.建议家长带幼儿参观蛋糕房,帮助幼儿了解蛋糕房里有哪些工作人员,分别负责什么工作。

> ## 二、"大戏剧、小主题"

以"老鼠娶新娘"戏剧活动的主题设计为例。在"大戏剧、小主题"的教学实践方式下,"老鼠娶新娘"戏剧活动划分为三大主题:争做勇敢的小老鼠、救出美叮当和老鼠嫁女。分别在三大主题之下涵盖幼儿园五大领域内容(图6-4)。例如,在"争做勇敢小老鼠"的戏剧主题之下,在认知领域,引导幼儿了解自己的优点与不足,理解每个人都有优点和缺点,悦纳自己,接纳同伴;在语言领域,学习《老鼠嫁女》的趣味儿歌;在健康领域,理解身强体壮才能变得勇敢;在艺术领域,了解中国的"抛绣球"文化等。教育戏剧作为幼儿园的整合性资源的"大戏剧、小主题"实践方式,不仅是建立幼儿园戏剧文化的有效实践方式,也会形成教师对幼儿园五大领域教学的特色化拓展和反思。

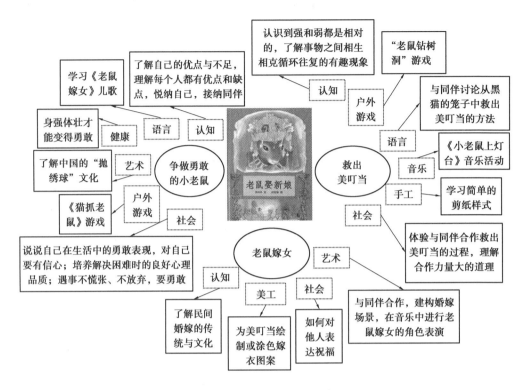

图6-4　教育戏剧的整合性活动设计

第三节　教育戏剧活动中教师与幼儿的规约

　　幼儿入园要做的第一件事,就是建立常规。幼儿园班级的常规,直接关系到幼儿在幼儿园中一日生活与学习的质量,以及教师的教学质量。因此,培养幼儿的常规历来是学前教育过程中不可忽视的一部分内容。例如,在主题活动中,教师需要幼儿遵守的常规包括不东张西望、不交头接耳、不随便离开座位、眼睛要看着老师、发言要举手、回答问题要声音洪亮等。那么这些常规,在戏剧教育活动中是否同样适用呢?

　　张克明在其对幼儿园戏剧教师的专业成长的研究中发现,戏剧活动的开展会对幼儿园的原有课堂秩序造成巨大的冲击。这是由于在戏剧课堂中,尤其是在鼓励幼儿通过合作进行戏剧表达和创作时,原有的课堂规则是极度不适用的,甚至会阻碍幼儿的发散性思维和创作兴趣[①]。

　　戏剧作为一种教学范式,其成功与否,在很大程度上取决于以下三个方面:第一,

---

　　①　张克明.遭遇戏剧教育:幼儿园新手戏剧教师叙事研究[D].南京:南京师范大学,2013:97.

老师是否与学生之间建立了有效交流；第二，幼儿与幼儿之间是否进行了充分的合作与讨论；第三，教师是否为幼儿创建了有利于其创作与表达的宽松氛围。在这三个方面，无不是对戏剧活动的自由、民主、宽松、快乐、平等等原则的体现。教师只有给幼儿一个充分安全、自由且充满信任感的环境，幼儿才会积极调动其内心深处的创作欲望和灵感，才会愿意与同伴去尝试那些看似天马行空却充满着想象力的想法与概念，并将其付诸行动呈现在大家面前。因此，当在戏剧活动中时，原本的"小手背背后""小眼睛看老师""排排坐"等常规规则就不再适用。戏剧情景的多元性、虚构性，角色之间的互动性、趣味性，师生关系之间的转换性、建构性，故事情节发展的不确定性、探究性等，都让戏剧教育活动更加具有戏剧本身的独特规则。戏剧活动中的独特性规则，即本节所讨论的"规约"。

> ### 一、教育戏剧中规约的含义

"规约"，暗含"规则"与"约定"的双重含义，可以将其理解为不同的个体，在同一目标之下，通过平等的协商、讨论而形成的一种已被全体成员约定成俗的规定或契约。

戏剧活动中的规约既可以是有形的规则，例如教师为维持有序的戏剧课堂秩序，将相关的规定写在白板上，让所有幼儿可以看见并遵守；也可以是一种无形的规则，它是在教师与幼儿长期的戏剧互动中形成的一种心理性的"默契"。它无形地存在于教师与幼儿的互动中，彼此遵守。例如，教师指着地面上的被围起来的一个圆形说："这是森林中的池塘，现在小朋友们可以扑通扑通跳下去，尽情地游泳吧！"当幼儿按照教师的指令，以森林小动物的角色进入池塘开心地游泳时，就是这一无形的规约在起作用，即幼儿与教师在戏剧的假定性和想象性方面达成的默契规约。

因此，戏剧活动中的规约更像是幼儿与教师之间的一种行动机制，服务于戏剧活动中的情景虚构、角色形象、行动模拟等，保证了戏剧活动在遵循了戏剧这一专业化学科的特点基础上，与幼儿园这一场域中的幼儿教育完全融合。

> ### 二、教育戏剧活动中规约的内容

戏剧的表演具有六项相互关联的剧场要素：表演者、文本/动作、导演、时间、空间、观众。在幼儿园戏剧活动中的规约内容与六项要素具有一致性。

（一）"假装"性规约

皮亚杰在研究儿童思维过程中发现，儿童在心理发展的某些阶段存在着泛灵论的特征，即儿童把无生命物体看作有生命、有意向的东西的认识倾向，儿童会把一切事物都看成和人一样是有生命、有意识、活的东西，例如常把玩具当作活的伙伴，与它们游

戏、交谈。幼儿认为物体"泛灵"的现象，为学前教育阶段开展戏剧教育时，幼儿能够理解"假装"，提供了良好的心理发展基础。

在戏剧活动中，情景、角色等都是虚构的，甚至有些内容是需要幼儿进行想象的，但教师与幼儿在戏剧的情节中必须都要遵守"假装成真"的原则。通过想象和创造，沉浸于教师所创设的虚构戏剧情景中，进行角色扮演和完成任务。教师与幼儿达成"假装"性契约是戏剧活动开展的前提和基础。幼儿形成这一规约，并非自然而然形成的，需要教师初期的引导。

例如，在戏剧活动"脑袋上的池塘"中，木兵未的脑袋上长出了一棵柿子树，并结出了很多柿子，这一现象并不会存在于现实生活中，但活动中教师需要幼儿扮演前来购买木兵未脑袋上的柿子的村民。这种情境下，教师可以说"我们假装木兵未头上有一棵很大很大的柿子树，树上结满了红红的柿子，我们扮演成村民们，一起去木兵未哪里买柿子吧"。语言的引导，可以为幼儿提供下一步行动的方向，而不会让幼儿一直纠结于"哪里有柿子树"这一问题。当多次开展此类活动之后，教师不用再刻意说出"我们假装……"，幼儿就可以理解教师的行动指令。

(二)"入戏"与"出戏"的规约

当幼儿通过教师的语言引导"我们假装……"进入戏剧情景中扮演某一角色后，幼儿就已经"入戏"了。幼儿入戏后可以尽可能地发挥想象对戏剧情节进行创造和表达。但是教育戏剧是一种戏剧教育活动，它需要幼儿通过教师的引导，一方面进入戏剧情景进行角色和问题的体验，同时还有一个重要的环节，就是要发现在戏剧情景中自己所面临的问题以及找到解决问题的办法。因此，当幼儿入戏到一定程度时，教师要及时提醒幼儿，发出"回到座位""表演结束"或者"大风吹"等指令，告知幼儿可以从戏剧情景和角色中"出戏"了。出戏后，幼儿就不再是角色人物，而是作为旁观者，帮助戏剧中的角色分析问题、解决问题。因此，幼儿在"入戏"与"出戏"过程中，完全是两种不同的状态，"入戏"是一种扮演、创作或探索的状态，"出戏"是一种旁观者的问题解决状态。

对于教师，同样具有"入戏"与"出戏"的任务。教师"入戏"的目的是推动故事情节的发展，"出戏"的目的是帮助幼儿理清戏剧中出现的问题。所以，教师"入戏"时，与幼儿同样是角色的平等关系，可以在戏剧情景中与幼儿一起游戏。但当教师"出戏"后，要转变行为要素(如语气、表情、行为等)，回到教师的角色位置，引导幼儿达到教学活动目标。在教师"入戏"与"出戏"过程中，幼儿需要分辨什么时候教师是角色，什么时候教师是引导者。幼儿理解教师的角色转换，才会跟随教师的引导聚焦活动目标。

在戏剧活动开展初期，幼儿极易在角色的世界中玩得"不亦乐乎"。对幼儿来说，角色可以成为一种隐形"面具",让幼儿把不会或不敢在现实中说的话,做的事情予以表现,这是由于戏剧可以为幼儿提供一种行为保护。因此,幼儿入戏后更容易获得心理的满足,但也容易出现无法抽离戏剧角色的现象。因此,教师为了帮助幼儿理解角色转换,可以制作具有角色特点的头饰或者标签,当需要入戏时就带上头饰或标签,当需要出戏时,就摘下。

例如,在"老鼠娶新娘"活动中,教师入戏扮演老鼠村村长这一角色,当教师需要入戏进行角色互动时,就会带上有小老鼠形象的发箍、出戏后就摘下发箍,幼儿就明白了在角色中如何与教师互动、出戏后如何按照教师的指令行动。

(三)角色分配的规约

通常,在一堂戏剧活动课中会有不同的角色出现在故事情节中。有些角色是所有幼儿都喜欢的,如快乐、健康、漂亮、聪明的角色,但也会有一些幼儿不喜欢的角色,如某些反派角色或者角色反串等。幼儿都偏向于选择前者,这时就会导致角色分配出现矛盾,影响戏剧活动的顺利开展。

这种情况下,教师就需要进行角色分配的相关约定:第一,让幼儿理解所有的角色不分好坏,每个角色都是独特的,都是戏剧情景中的一部分;第二,角色的分配要公平,大家可以轮流扮演喜欢的角色;第三,勇于尝试不同的角色,会发现角色扮演中更多的乐趣。

(四)"演员"与"观众"的规约

在戏剧活动中,并不是每一次都会由全体幼儿参与,而是会让部分幼儿成为"小演员"进行表演,而剩下的一部分幼儿则作为观众坐在规定区域观看"小演员"的演出。在实际的活动中,一些幼儿会因为没有选上角色不能表演而出现情绪问题,或者当其他幼儿表演时出现起哄、不配合等不遵守秩序的行为,影响台上幼儿的表演。

在幼儿戏剧活动开始之初,教师就要为所有幼儿讲清楚"演员"和"观众"的关系,并制订观看表演时"观众"的"观演规则",如安静地观看别人的演出、积极呼应台上演出的幼儿、表演结束后鼓掌欢呼等。除此之外,在角色分配的规则中,也要告知幼儿,演员和观众都是一种角色,要遵循轮流的原则让每一位幼儿以尝试,要学会耐心等待。

(五)与他人合作的规约

戏剧的情节发展需要多人的合作推动与创作。引导幼儿在自我角色与他人角色之间的合作,也是融合幼儿园中实现融合教育的一种重要方式。在幼儿的戏剧活动中,教师通常会设计多种合作的形式,以保证不同幼儿之间可以相互理解和接触,如两两合作、小组合作以及集体合作等。在戏剧活动开始前，就需要教师先对幼儿进行异质性分组，确保组内有普通幼儿以及特殊幼儿，能力的差异性可以更好地实现普通幼儿与特殊幼儿之间的支持与合作，并引导幼儿要记住不同合作形式下的伙伴。当教师发出合作完成的指令时，幼儿需要迅速找到自己的合作伙伴，并实施行动。

除此之外，在合作的过程中，需要让幼儿明确讨论、商量、倾听、谦让等原则的重要性，能够通过协商进行合理的组内分工，同时要积极关心和帮助组内能力较弱的幼儿完成任务等。

（六）自由与秩序的规约

在教育戏剧活动中，尊重个性、放弃控制、没有批判，关注参与、鼓励探究，提倡勇气、需要担当，注重协作的精神实质，会让戏剧课堂与传统的领域活动课堂呈现完全不一样的氛围。戏剧活动中幼儿更加地自由，由于戏剧要合作，要通过讨论进行创作，因此，规范化的或者统一的行动准则并不适用于戏剧活动。

尤其是幼儿进行小组合作时，幼儿要相互讨论，要表达自己的意见，还要进行动作的展示与创作等，这些都需要幼儿去主动地说、练、演、试。幼儿合作的过程，他们也会找到彼此快乐的点，通常幼儿在合作中是充满了欢声笑语或者激烈讨论的，这些是戏剧活动中所鼓励的行为，幼儿只有在彼此观点的讨论与碰撞中，才会激发创作的灵感，才会发展自己的观点表达和自我决定等能力。这是戏剧活动给予幼儿的自由空间。

但是这种讨论、辩论、试验等中的自由，是相对的自由。在幼儿的活动中，幼儿的所有看似自由的讨论、行动等都必须围绕教师的任务目标开展，是一种所有幼儿围绕同一目标进行的研讨过程，是在乱中有序的氛围中进行的。当讨论、辩论、行动等结束时，不需要教师进行大费周章的规则管理，例如，通过拍手示意、指令（3、2、1、停）或者一段提示结束的音乐旋律等，幼儿在听到结束的指令后要有一种意识，即迅速回到规定的位置并保持安静。该规约在戏剧策略"定格"中被使用得较为广泛。

例如，在"野兽国"戏剧活动中，教师为使幼儿体验麦克斯与野兽们在森林中大闹三天三夜的自由感受，采用在音乐中加"定格"的戏剧教学策略开展此环节。音乐响起，幼儿们均"入戏"麦克斯的角色，想象自己与野兽们在森林中的狂欢情景，幼儿们可以手舞足蹈，可以大声欢笑，可以结伴而舞等，感受故事情景中角色的情感体验。但当音乐停时，所有的幼儿需"定格"在当下的动作状态。当音乐再次响起时，重复以上步骤。

（七）"学会等待"的规约

融合幼儿园中，特殊幼儿也是教育戏剧活动的重要参与对象。但是对特殊幼儿来说,尤其是教育戏剧课程刚刚建立之初,他们往往很难从传统的规范化课堂秩序中,转变到戏剧的自由、互动的氛围中。他们认知和思维方面发展的迟滞性,可能会让他们在教师发布"自由讨论"或"即兴自由表演"的要求后不知所措。这是由于在特殊幼儿的康复或个别化教育中,教师为让特殊幼儿理解指令,通常会简化并尽可能地对相关问题或任务进行清晰的分解或制订小步子。戏剧活动在于幼儿充分发挥天性,感受自由与创造。因此,特殊幼儿可能会不理解教师的具体要求是什么,会出现游离在戏剧活动之外的现象。

在这种情况下,教师一方面要将指令语言尽可能地具体,接近特殊幼儿的理解水平,帮助特殊幼儿理解在这该环节,自己需要完成什么任务;另一方面,教师和其他幼儿需要耐心地等待特殊幼儿的表现。例如,当教师提出要求"请表演你认为的世界上最小的小动物"时,由于特殊幼儿在语言理解的方面本就存在一定障碍,教师需要一边慢慢地重复该语言,一边等待特殊幼儿的表演,而不是为了完成该环节,不断催促特殊幼儿,或者由于特殊幼儿没有及时进行表演而越过特殊幼儿,匆忙进入下一个环节。

因此,无论是在完成教师的要求,还是在特殊幼儿与普通幼儿的自由讨论和表演中,当轮到特殊幼儿表达或表演时,教师与普通幼儿同伴都要遵守"再等待他一会儿"的规约,以保证特殊幼儿可以全面参与戏剧教学活动。

综上所述,以上规约均是融合幼儿园教师在实施戏剧活动时需要与幼儿达成的约定与默契。当然,这些规约并不是活动开始之初幼儿就已经具备的,而是教师与幼儿在不断磨合和演练中形成的。教师要有意识地去培养自己与幼儿形成这样的规约意识,循序渐进地逐步展现戏剧活动的教学特性。

第四节　教育戏剧教学活动中需要处理的关系

戏剧在学前教育领域能够统整音乐、美术、语言、舞蹈、社会等内容,表现出对五大教育领域兼容并包的特点,也正是因为教育戏剧实践的灵活性特征,让当前教育戏剧的实施具有针对不同参与对象、不同实践场景中"百花齐放"的多样化实践模式。尤其在学前融合环境这一极具变化性的环境中,对教育戏剧的调整与创新尤为重要。但在对教育戏剧的调整和创新中,教师需要对活动中出现的人与人、人与规则等之间的关系有清晰的认知。

> 一、特殊幼儿与普通幼儿的关系

（一）特殊幼儿与普通幼儿的合作关系

戏剧本身所具有的"群体性"特征，决定了在戏剧参与过程中参与者之间势必会在戏剧情节和推动下，不断增加不同角色之间相互的接触、沟通、理解与合作，这也就会让戏剧中不同的参与者之间形成关系互动网。高尔顿·乌伊拉德·奥尔波特（Gordon W. Allport）首次在一本名为《偏见的本质》的综合性书籍中提出了"群际接触假设"，也称为"群际接触理论"。该理论认为对他人信息的错误认知与信息缺失是出现群际偏见的主要原因之一，当某一群体获取的其他群体的信息是错误信息时，极易对其他群体产生消极偏见，而不同群体的成员之间相互进行接触有助于改善消极态度并减少偏见。

教育戏剧活动的开展需要不同幼儿所扮演的角色之间形成互动关系。该戏剧活动推进的过程，实际上也是普通幼儿与特殊幼儿不断接触、彼此了解的机会。教育戏剧活动可以增加普通幼儿与特殊幼儿的接触机会、提升接触质量、增长接触时间、提升普通幼儿对特殊幼儿的熟悉与了解程度。这样打破了原来"彼此孤立"的交往模式，让更多的普通幼儿通过戏剧活动中的合作与互动接触到班级中的特殊幼儿。因此，教师在戏剧活动中，如何促进普通幼儿与特殊幼儿之间的接触和互动，引导不同发展水平的幼儿形成合作关系，对于学前融合教育质量的提升至关重要。

（二）普通幼儿与特殊幼儿的同伴支持关系

在教育戏剧活动中，教师要通过戏剧活动的精心设计来积极发挥普通幼儿对特殊幼儿的榜样支持和带动作用。维果茨基提出的"最近发展区理论"指出，儿童发展具有两种水平：一种是已经达到的发展水平；另一种是儿童可能达到的发展水平。后者表现为"儿童还不能独立地完成任务，但在成人或他人的帮助下，在集体活动中，通过模仿，能够完成这些任务"。这两种水平之间的距离，就是"最近发展区"。在戏剧活动中，显然，普通幼儿的发展水平明显高于特殊幼儿，特殊幼儿则可以通过模仿普通幼儿的行为、语言等行动，这无意间也就加快了特殊幼儿的发展。这类支持属于特殊幼儿在无形中通过观察和模仿获得的普通幼儿的支持。

还有一类支持，就是发生在戏剧活动中的"有形"支持。但这种支持并不会让不同发展水平的幼儿感到困难或有心理障碍，因为在戏剧中，没有"普通"与"特殊"之分，只有不同角色与不同任务的分工差异。戏剧情节中的紧张、有趣以及让幼儿意想不到的"张力"会让所有幼儿全身心地投入与同伴的合作中。戏剧课中幼儿间的交往通常是自然发生的,不需要任何外力的介入,就可以帮助幼儿建立良好的同伴关系。在其中一方需要另一方的帮助时,由于戏剧的推动性,为了完成戏剧任务,另一方(普通幼儿)会自然而然地帮助特殊幼儿完成当前的任务,以语言或动作的形式提醒特殊幼儿正确的做法。

大班教育戏剧:造型公园

【活动目标】

(1)熟悉公园的基本设施,并能用肢体动作表现公园的场景。

(2)能积极与同伴合作,并体验同伴合作的乐趣。

【活动准备】

物质准备:PPT、魔法棒、iPad、轻音乐

经验准备:已初步了解公园基本情境

【活动过程】

1.“我会变”游戏进场导入

师:我是一位魔法师,我要用我的魔法棒和我的咒语把你变成我想要变的东西。当你们听见我的咒语“变变变、我会变、把你们变成×××”,那你们就要用肢体动作表现出来。(边游戏边带进场。)

2.欣赏图片,带入情景

师:哇,你们看,我们来到了哪里呢?

师:公园里有什么呢?

(1)讨论公园里常见的事物、场景或公共设施,如花、草、树木等,或跷跷板等游乐设施,或是垃圾桶、椅子、路灯等公共设施。

师:你们觉得公园里有什么呢? 魔法师要邀请一位小朋友来表演公园的事物或场景,请大家来猜猜他表演的是什么?

(2)出示PPT。

师:除了刚才小朋友变出来情景,公园还有哪些事物或场景呢? 我们一起来看看吧。

小结:原来公园里有很多美丽的植物、运动设施,还有一些建筑物等。

3.情境合作游戏

(1)先邀请一位幼儿进入公园,运用肢体动作表演出公园中的一个事物或场景

造型。

师："现在魔法师把我们这里变成了一个公园,现在公园空空的,我们可以先把什么东西放进公园呢?"

(2)交流讨论。

师:你表演的造型是什么呢? 它在公园中的作用是什么呢?

(3)幼儿合作游戏,同伴之间通过肢体的相互配合展现出公园的事物或场景。

(4)所有幼儿都做好造型后,老师扮演公园游客,边描述在公园中看到的事物或景物,边给公园中的情景拍照。

4.利用投屏,幼儿分享交流

师:你刚模仿的什么呢? 你的造型是怎么样的?

5.再次游戏,提升幼儿的创造表现力

师:现在魔法师想要在公园里逛逛,可是,现在的公园又变得空空的了,魔法师要用魔法棒变出我想要的事物或场景,如:当魔法师说到"我看到一朵花时"幼儿就到公园里变成一朵花。

小结:今天,我们的公园真美丽,有花、草、椅子、路灯……

而且,很多小朋友还能和自己的同伴共同合作一起完成一种事物或造型。

【活动延伸】

周末大家也可以和你们的家人一起去公园走走,看看有什么情景,也和家人们一起来模仿造型。

(资料来源:新阳幼儿园新景西五路分园　张丽莉)

＞ 二、教师与幼儿的关系

在教育戏剧活动实施中,教师与学生间的关系既是引导者与学习者的关系,也是合作者的关系,彼此之间是信赖与尊重的。通常是由教师带领和推动戏剧活动的开展,但是在戏剧活动中,任何情景与角色的建构、塑造以及问题的解决,教师均不是告知"答案"的人。教师是与学生共同寻找答案的角色,教师在戏剧活动中与幼儿共同建构故事的发展走向,与幼儿一样,他们都是戏剧活动中的探索者。如何在戏剧活动中形成与幼儿平等的建构者的角色,是保障戏剧干预活动顺利进行的重要保障。

(一)师生间需要建立活动的默契

教师需要在戏剧活动过程中,通过某些指令或者暗示建立"特别的默契",以此让彼此间的互动更为有效。例如教师拍铃鼓,一下代表开始,两下代表结束;戏剧开始时,全班要围成一个半圆形坐下;当教师开始倒数时,表示这一阶段的戏剧活动即将结束现在进行的讨论与活动等。尤其在戏剧的发展阶段,师生间默契的建立有助于幼儿对故事情节与故事情境的理解,帮助幼儿尽快进入戏剧的世界。例如当教师带上女巫的帽子时,就会变成女巫的角色,当教师摘去女巫帽子时,就会恢复教师的角色;当教师讲故事的过程中,陈述"假装大家现在是……",这时表示教师要带领幼儿进入戏剧情景,幼儿需要根据故事情境进行表演等。

（二）教师对幼儿的真诚鼓励

鼓励在幼儿园中是帮助所有幼儿认为自己的行动有价值的方法,帮助幼儿提升成就感。对于幼儿,尤其是特殊幼儿来说,行动的受限、肢体创意的匮乏、想法与观点的缺乏等,都会让幼儿提出或表现出一些不合逻辑、不关乎主题的想法或行动。在戏剧活动中,幼儿的任何表达都应该得到教师的尊重与鼓励,干预者通常会使用显示接纳的语句与幼儿交流。例如,表示信任的语气,"我相信你们可以帮助老鼠村长救出美叮当",或者用感谢的语气指出幼儿贡献,"还好有你们给我提供帮助,不然我真的不知道应该如何找到女巫"等。

（三）接纳幼儿的想法

在戏剧活动中,幼儿在故事的推动下,经常会有一些奇思妙想,教师需要坦然接受,甚至应该引导讨论并澄清某一个观点,这些都能够帮助幼儿思考与他人的同伴关系或进行自我反思。

例一:男生中普遍具有充满暴力与攻击的想法

在"大象戏水"活动中,幼儿在极度入戏地表演"动物戏水"环节,突然出现的大象把水池的水全部吸走了,这时班里的部分学生说:"用大炮轰走这个讨厌的大象","我可以把他打跑,然后用吊车把他吊走",干预者在听到这一想法时,首先是理解了幼儿入戏后的真实的反应,干预者引导幼儿说:"森林里可没有这些危险的东西,小动物害怕大炮和吊车这样危险的东西,有没有什么其他办法呢?"

例二:接受特殊幼儿害羞、不敢上前表演的行为

在大班实验班有一名自闭症幼儿,他的认知、语言表达以及与他人合作的能力都发展较好,但是他从不主动回答干预者的问题,也不会主动一个人上台进行角色扮演,在"没耳朵的兔子"活动中,教师让其表演没有耳朵的兔子这一角色,请他出来跟别人互动时,他一直低着头,嘴里一直小声说着"不要,不要",并一直摇头,马上就要哭出来。在这种情境下,干预者说:"没有关系,老师等你想好了再来跟小朋友们分享。"

例三:接受幼儿不切实际的想法

教师:现在每一个小朋友给你表演的野兽起一个名字。

幼儿1:鸭子兽。

幼儿2:长头发的机器人野兽。

(在这名幼儿回答后,全班哄堂大笑,有幼儿回应:"怎么会有这样的野兽?")

教师:说不定神秘的野兽国中真有这样奇特的野兽哦。

(四)接受幼儿创意与模仿的限制性

在每一次新主题的戏剧活动开始之时,幼儿极有可能出现无观点的创意和肢体的创意都贫乏的现象。当教师对某一个角色或者动作做出示范后,所有幼儿都会模仿干预者的动作进行表演。例如,在玩"小种子"活动中"大大小小"的游戏时,游戏中幼儿一直在用教师所示范的动作(双手居高、蹲下手抱腿的变大变小方式)进行游戏,毫无自己的想法与创造。在玩过一轮游戏后,教师对幼儿说:"变大变小,不仅可以像刚才一样做,还能这样,这样,也可以这样(教师示范各种动作)。小朋友的身体就像变形金刚一样,可以做出各种动作,不信你们试试。"

(五)教师要学会等待幼儿的进步

特殊幼儿在认知、思维等方面的局限性,会极大限制他们对戏剧活动或情节的理解。同时,由于戏剧活动中的角色扮演以及与同伴的互动,对很多特殊幼儿,尤其是自闭症的幼儿来说,都是比较困难的。因此,在戏剧活动中,教师需要等待的耐心,并对不同发展水平的幼儿建立合理的期待。但戏剧活动的教学如果成为幼儿的常规教学时,随着戏剧活动的开展,特殊幼儿会越来越在戏剧课中"闪闪发光",并贡献自己对于情节建构的力量,让所有的班级教师看到了戏剧课中不一样的特殊幼儿。因此,在戏剧活动开展中,"相信特殊幼儿的潜能"应该成为融合幼儿园戏剧教师中所持的首要原则,慢慢等待特殊幼儿的参与及回答,给特殊幼儿充分的信任。

> 三、预设与生成的关系

在戏剧的活动中,部分戏剧元素需要教师进行事先的预设与精心准备。例如故事的背景、故事中的角色、初始情节、道具的准备与使用等,这些内容为后续的戏剧活动提供支架,需要教师一一在戏剧活动开始之时向幼儿进行呈现。但是在此之后,角色与角色间的交往与对话、角色的形象与装饰、故事情节的走向、问题的解决方式、故事结局等方面应该是教师与幼儿在戏剧活动中共同进行建构的部分,即在教学中属于师生共同生成的内容。例如,在"野兽国"活动中,大班幼儿在进行完"森林狂欢"环节

后,就主人公麦克斯到底要不要回家这一问题进行了激烈的讨论:

幼儿1:他不能回家,回家妈妈又不让他玩了。

幼儿2:他不回家,可能有一天野兽会吃了他的。

幼儿3:在野兽国他可以有很多的野兽朋友。

幼儿4:麦克斯是国王,不能回家,不然就没人做国王了。

幼儿5:不能回家,回家就不自由了,不能当国王。

……

教师:麦克斯不回家了,但是他应该怎么让爸爸妈妈知道他在野兽国呢?

幼儿6:打个电话吧。

……

在大班,幼儿普遍认为主人公不应该回家,应该待在野兽国中继续与野兽们狂欢,因此大班的本次戏剧活动就以继续留在野兽国打算跟爸爸妈妈打个电话作为结束的部分。但是在中班和小班,与大班的故事结局又有所不同。

教师:麦克斯角色自己好累啊,很孤单,他离家已经很久了。

幼儿1:他是想家了吗?

教师:小朋友们猜一猜,他怎么了?

幼儿2:想爸爸妈妈了。

教师:他想回家了,但是他看了看野兽国的朋友们,他又舍不得野兽国的朋友,他到底应该怎么办呢?

幼儿3:赶快回家吧。

幼儿4:回家去找爸爸妈妈。

幼儿5:爸爸妈妈可能也想他了。

幼儿6:在野兽国太久了,妈妈该想他了。

……

中班和小班的幼儿年龄更小,对父母的依恋更强,当故事走向孤单的情节时,幼儿会将自己的感受放在主人公麦克斯身上,因此,在中班和小班的结局部分,是与野兽告别,准备启程回家。总之,在戏剧活动中,教师需要灵活应对幼儿在戏剧活动的自由生成的故事情节,在自由创作部分,干预者需进行一定的鼓励与引导,将原本固定的内容框架扩展丰富。

> **四、规则限制与自由创造之间的关系**

戏剧活动的教学范式虽然与常规的幼儿园教学具有一定的差异,但是为保障幼儿在戏剧活动中充分和高效地参与到戏剧活动中,在戏剧活动中的规则应用也是非常必要的。在幼儿遵守规则的同时鼓励幼儿的自由创造。有时在戏剧活动中,看似幼儿"乱作一团",但是在活动中却是在各司其职,在一定的自由下完成自己的创作与任务。

例如,在"野兽国"戏剧活动中,教师要求幼儿在音乐的配合下,自由进行肢体创作以表现主人公与野兽们在森林进行狂欢的情景,可以在教室内的任何角落进行自己的肢体创作。在这样自由的氛围之下,规则与契约是与自由创作共存的。教师要求幼儿当音乐停止时,将肢体的动作暂停在最后一个姿势上,即戏剧策略中的"雕塑"。当音乐再次响起时,幼儿又可以在音乐中进行自由创造与舞动。但是当音乐再次停止之时,要求全体幼儿再次静止,包括声音与动作等,以此循环。

在实际教学中,实践表明,当教师在活动中对幼儿的适当规则与幼儿的自由创造相结合时,总是能让教师受到意外的惊喜。而这样的规则与自由相继切换的同时,幼儿总是能快速地融入戏剧情景中,并且在游戏中收获到更大的快乐与愉悦。当音乐静止后,幼儿的肢体创作一次比一次更具有创意性,在静止之时,幼儿有多静,在音乐响起时,幼儿就有多欢乐,创意就会有多么丰富。因此,在戏剧活动中,虽然自由是所有的实践者所崇尚的原则,但是适当的规则更容易激发幼儿在动静之间表达自己、倾听他人,维持良好的活动秩序。

第五节　教育戏剧活动中对特殊幼儿的支持

教育戏剧与戏剧治疗在实施中具有相似性。因此,教育戏剧被广泛用于特殊教育领域,以促进特殊儿童的身心发展。Erbay 等研究者认为戏剧对特殊儿童的学习和表达作用比正常儿童要大得多。通过戏剧,特殊儿童有机会在自己的层次上认识、解决和解释任何问题[①]。在这些孩子中,戏剧的使用将帮助他们体验和学习任何与生活有关的东西,增强他们对自己的信心,增强班级的融合性。目前,教育戏剧干预在特殊教育领域的运用主要表现在提升自闭症、智力障碍、学习障碍、多重障碍、肢体残疾与多动症等儿童的同伴接纳、同伴交往、社会同理心、学业效果、语言运用、生活理解以及体验成功与自我满足等方面。

特殊幼儿由于在感知觉、注意、记忆、思维、语言理解与表达等方面的迟滞性,在戏剧活动中普遍存在注意力分散、不理解教师的要求、参与困难等问题。因此,在戏剧活

---

① Erbay F, Doğru S S Y. The Effectiveness of Creative Drama Education on the Teaching of Social Communication Skills in Mainstreamed Students[J]. Procedia Social and Behavioral Sciences, 2010, 2(2):4475-4479.

动中,教师要时刻关注特殊幼儿的参与状况,当特殊幼儿在戏剧活动中出现难以融入或不知所措的情况时,要及时提供支持。这里对特殊幼儿提供的支持,并不是特殊教育领域中的高度专业化支持策略,更多的是对教学策略、教学流程、教学目标等方面的调整,让戏剧活动更加适合于特殊幼儿的发展。对特殊幼儿的支持主要包括以下几个方面。

> ### 一、调节快乐与宽松的活动氛围

特殊幼儿的认知与理解能力的局限性,极易让其在一些活动中产生退缩的心理与行为。因此,让戏剧活动变得趣味性强,游戏更加多元,动与静充分结合,氛围更加快乐、宽松,并且对特殊幼儿来说具有安全感等,是提升特殊幼儿戏剧活动参与度的重要原则。在快乐和宽松的活动氛围中,可以激发特殊幼儿的优势,调动其潜在能力。因此,活泼、快乐、灵动的戏剧课堂是保证特殊幼儿能够积极参与的重要前提。

中班教育戏剧活动"古利和古拉"的实施片段

教师:让两位小朋友来当古利和古拉的大碗。

(两名幼儿上前用肢体围成一个圆圈,塑造"碗"的形象。)

教师:这个碗够不够大?

幼儿:不够大。

(另两名幼儿加入塑造"碗"的同伴中,让表示"碗"的圆圈更大一些。)

教师:谁来当碗中的鸡蛋?

(幼儿积极举手,并回应"我、我、我",一名男生扮演鸡蛋,教师以"打鸡蛋"的方式,轻轻敲了幼儿的背,代表鸡蛋被"打"入碗中。)

教师:我们有鸡蛋了,但是我们没有搅蛋器啊?

【扮演搅蛋器的幼儿(班内的特殊幼儿)出场】

教师:我的东西都备齐了,我现在要搅鸡蛋了哦。

【教师扶着扮演"搅蛋器"的幼儿(特殊幼儿)的肩膀,搅动碗中的"鸡蛋"】

搅,搅,搅鸡蛋,

让鸡蛋在碗里转一转;

搅,搅,搅鸡蛋,

搅完鸡蛋我们做大餐。

(全班被扮演"鸡蛋"的幼儿和"搅拌器"的滑稽动作逗得哈哈大笑。)

> 二、制定差异化的分层目标

特殊幼儿与普通幼儿能力方面的差异性,决定了在不同发展水平幼儿的戏剧活动参与以及活动目标的制定时需要具有一定的差异性。如果活动难度较大,特殊幼儿参与起来就会遇到很大的困难,自然也就不能在戏剧活动中获得发展。久而久之,特殊幼儿会因为自己难以达到活动目标而逐渐对戏剧活动失去兴趣。因此,教师在关注戏剧活动自由氛围的基础上,还要根据特殊幼儿的身心发展特点、学习特点、活动参与特点以及活动的难度等,对特殊幼儿的活动目标进行"量身定做"式的分层设计,制定特殊幼儿能够达到的活动目标。

例如,在大班教育戏剧活动"大熊盖房子"活动中,教师首先根据班级内幼儿的身心发展特点进行了学情分析,并根据能力水平进行了分层(表6-3)。

表6-3　大班教育戏剧活动"大熊盖房子"中的学情分析

分组	学生	课堂参与	常发情绪行为	备注
A组	普通幼儿 (4—5岁)	积极参与课堂活动,能与老师、同伴进行操作分享、互动。	无情绪行为。	
B组	小兰 (5岁、自闭症) 小任 (5岁、自闭症)	能积极参与课堂活动,能够理解多步指令,跟随老师进行简单操作。	对奶奶过度依赖,每当奶奶在时上课就会不听指令。胆子比较小,比较文静,上课发言不积极,无情绪行为。	需要助教老师给予提醒。
C组	润润 (6岁、自闭症)	能够在老师的指引下参与课堂活动,可以听懂并执行简单的指令。	容易焦虑,经常离开座位,注意力短暂,对集体指令不太理解,对自己喜欢事情十分执着。在未得到满足时情绪激烈容易哭闹。	贴纸奖励、食物奖励。

教师在进行了充分的学情分析之后,针对不同组别幼儿的能力进行了目标的分层。其中A层幼儿主要是普通幼儿群体,他们的目标集中在故事的创编、合作等方面;B层为两位自闭症幼儿,由于能够积极参与活动,并且理解能力较好,因此,相比A层幼儿的活动目标,教师仅将"故事创编"调整为"可以简单表达";C层幼儿的能力最弱,因此,活动目标聚焦在"在老师引导下做出大熊盖房子的动作"(表6-4)。不同能力的层次,活动目标的难度有所调整,以保证所有幼儿的参与。

表 6-4　大班教育戏剧活动"大熊盖房子"中的目标分层

层次	活动目标
A 层	1.在故事情景中根据故事线索,尝试用肢体动作和语言,创造性地想象、创编表达大熊盖房子的情形。 2.了解房子的造型和内部摆设。 3.积极参与戏剧活动,塑造出房子样子,愿意与他人协商合作。
B 层	1.在故事情境中可以根据线索,尝试用肢体动作和语言,简单表达大熊盖房子的情形。 2.了解房子的造型和内部基本摆设。 3.积极参与戏剧活动,塑造出房子样子,愿意与他人协商合作
C 层	1.在故事情境中可以根据线索,在老师引导下做出大熊盖房子的动作。 2.对房子外形有基本了解。 3.喜欢戏剧课,可以简单塑造房子外形。

> ## 三、为特殊幼儿分配合适的角色

在戏剧活动中,并不需要因为有特殊幼儿的参与,而特意为特殊幼儿设计相关的活动。在学前融合教育环境中,普通幼儿与特殊幼儿在活动中的共同参与、相互影响与支持,是提升融合质量的重要方式。在戏剧活动中,角色的科学、合理分配,完全可以帮助教师解决特殊幼儿的参与问题。因为,在戏剧活动中,并不是所有的角色都要进行大量的互动和创作,其中有一些角色虽然参与角色表演,但是这些角色的互动要求、语言要求、创造要求等相对较低,这些角色可以由能力适合的特殊幼儿予以担任。角色之间的密切合作,普特幼儿各司其职,同样可以出色地完成戏剧表演,也达到了融合教育的目标。最重要的是,特殊幼儿所扮演的角色本就是存在的,该角色与其能力相适应,他们可以很好地完成该角色的扮演,本就是特殊幼儿在戏剧活动中的成功表现。

因此,教师在进行戏剧活动的设计时,需要充分考虑到戏剧情节中角色的多样性以及与特殊幼儿能力的适配性。在教学中,当特殊幼儿完成该角色的扮演时,教师与普通幼儿需要对特殊幼儿表示鼓励和赞赏,让特殊幼儿感受到戏剧活动中的成功体验,增强自信心。

中班戏剧活动"大象戏水"课堂片段

教师:森林中有这么多小动物,该怎么样让他们都觉得凉快呢?

幼儿1:可以造一个更大的风扇。

教师:哪位小朋友可以用身体扮演一个特别大的风扇?

(由于风扇是幼儿生活中常见的生活物品,特殊幼儿可以胜任该角色,该角色就分配给了班中的一名特殊幼儿。)

教师:××就是我们的大风扇了,现在他要去到每一个小朋友身边,你们试一下凉不凉快。

(扮演风扇角色的特殊幼儿用肢体扮演风扇的扇叶,去到每一名幼儿身边,与其互动。)

教师:这个风扇也不行,森林里的动物那么多,每个小动物都送一个,这样的风扇太少了。

普通幼儿:我可以跟××一起表演一个更大的风扇,送给森林里的小动物。

教师:你们两个一起变成风扇试试吧。

(该特殊幼儿与普通幼儿合作用肢体表现风扇。)

> 四、善用普通幼儿对特殊幼儿的同伴支持

在学前融合教育环境中,同伴对特殊幼儿提供的支持是成人所不能够比拟的。通常,同伴之间的能力、兴趣等相仿,有共同语言,特殊幼儿更愿意接受普通幼儿的帮助与支持。因此,同伴支持一直都是学前融合教育环境中的重要的支持策略。在戏剧活动中,特殊幼儿可能会在角色扮演、肢体塑造等方面遇到困难,这时普通幼儿对其提供的支持,相比教师的支持会更加有效。例如,特殊幼儿可以模仿普通幼儿的肢体动作,教师也可以将普通幼儿与特殊幼儿以结对的方式进行两两分组,二者的合作,实际上就是普通幼儿为特殊幼儿提供支持的过程。

因此,在戏剧活动中,教师要积极地创造条件,引导普通幼儿主动为特殊幼儿提供支持,通过戏剧的情节变化,创造普通幼儿与特殊幼儿互动和接触的机会,并且可以通过活动的变化来设置两两合作、大组合作、小组合作等互动环节。同时,在二者的互动中,及时提供他们合作与交往的指导,避免特殊幼儿被排斥在群体之外。除此之外,教师要有意识地让普通幼儿变成特殊幼儿的"求助"对象,改变特殊幼儿在活动的困难时刻总是寻求教师的帮助的现象。这对于特殊幼儿的社会适应能力来说,又是一个极大的提升。

大班教育戏剧活动"脑袋上的池塘"课堂片段

教师:现在老师要表演长在木兵未头上的一个柿子,柿子是圆圆的。

(教师边说边蹲下,双手举过头顶组成一个圆的形状。)

教师:但是我觉得我表演的这个柿子太小了,谁来帮我变成一个大柿子?

一对一合作:

(幼儿1上前,与教师合作变成了一个大柿子。)

教师:这个柿子还不够大?谁能再来帮忙?可以自己上来。

(多名幼儿自发上前,与教师合作扮演一个大柿子。)

教师:现在的柿子好大啊,我们是怎么变成大柿子的?

幼儿2:我们一起合作,抱在一起就变成了一个大柿子。

小组多人合作:

教师:原来多个小朋友合作就能变成大柿子啊,现在老师的要求是,尽可能多地找你身边小伙伴一起变成一个大柿子。

幼儿3:快来,快来,到我们组。

幼儿4:我们的柿子不够大,还需要人,快来啊。

幼儿5:我们两个组在一起就可以变成一个更大的柿子了。

......

(幼儿纷纷找到身边的小伙伴,有的3~5个幼儿组成一个柿子,有的6~8人组成一个柿子。特殊幼儿在其中很容易就可以对普通幼儿的表现进行观察学习,教师并不需要进行过多干预。)

全班集体合作:

教师:现在小朋友们都变成了一个木兵未头上的大柿子,现在木兵未该出现了。现在你们都是木兵未头上的柿子,要保持安静哦。

(扮演木兵未的幼儿出场,以一条蓝色丝带作为连接木兵未脑袋与柿子树的中介。)

教师:这一天,木兵未顶着一脑袋的柿子出门了,一阵大风吹来,柿子们左右摇晃。

(教师表演吹来的大风,所有的幼儿表演在木兵未头上摇摇欲坠的柿子。特殊幼儿可以观察到普通幼儿如何表演"摇摇欲坠"的柿子,教师引导特殊幼儿观察普通幼儿的表演并鼓励特殊幼儿大胆模仿即可。)

第七章

融合幼儿园教育戏剧活动案例

在学前融合教育的环境中,由于特殊幼儿在认知、语言、思维、交往、情绪情感等方面发展存在个性差异,教师需要在传统幼儿园教学活动设计的基础上,兼顾特殊幼儿的身心发展与活动参与的特点,进行教学活动通用化设计。基于此,在教育戏剧活动设计与组织中,为确保班级内包括特殊幼儿在内的所有幼儿平等参与,教师应在幼儿差异化发展的理念指导下,根据特殊幼儿与普通幼儿的学习特点以及融合集体教学的教学特点等对现有传统的教育戏剧教学模式(第三章)进行适当调整,以保障教育戏剧为所有幼儿提供充分展示自我、发展潜能、彼此接纳的机会。

第一节　故事戏剧模式的教学活动案例

> ### 一、故事戏剧模式的定义

故事与幼儿有一种天然、和谐、紧密的关系,对幼儿的成长与发展具有非凡的意义。任何日常生活中普通的生活情节,经过故事的艺术性与超脱现实性的"解构"或"重构",总能带给幼儿欢乐、知识面的扩展以及想象力的发挥,从而让幼儿在故事的微观世界中以"超现实"的审美之眼,重新审视自我、审视世界、审视生命。

在儿童的成长中,故事与儿童如影随形。幼儿对故事的执着热爱,并不局限于成人的讲读,其乐趣更在于幼儿能以自己扮演故事角色的方式进入故事情境中,将故事在书本中的静态演绎提升至与小伙伴们的现实立体呈现。他们会在扮演的过程中构建自己与同伴合力击退怪兽的情境、幻想与同伴一起变成"小仙女"踩在云朵上飞行、创造"妈妈"带"宝宝"去医院打针的故事、尝试"猪八戒"踩到西瓜皮的风趣幽默……

故事戏剧教学模式来源于将静态故事进行现实动态演绎的过程之中,该模式将故事、绘本等文学作品作为戏剧教学主题,围绕故事情节的延展与推进而展开。因此,故事戏剧教学模式下的戏剧教学也就是幼儿在教师的引导下,重新创作故事的过程。优秀的故事情节总能带给所有幼儿以探索的无穷魅力,因此,故事戏剧模式下的戏剧教学在学前融合的戏剧教学中,是使用最为广泛的一种形式。

> ## 二、故事戏剧模式的实施流程

由于特殊幼儿学习及活动参与的差异性特点，需要对传统戏剧教学模式（第三章）的实施程序进行适当调整，以保障特殊幼儿更加方便地参与、创作。该模式的实施分为暖身游戏、故事导入、发展故事、创作故事、反思与讨论五个步骤。以"三只小猪"戏剧教学活动为例，上述五个步骤的实施流程见表7-1。

表7-1 "三只小猪"戏剧活动流程

教学模式流程	实施的主要内容	教学策略	教师角色
暖身游戏	表演游戏"走走停停"	戏剧游戏	引导游戏
故事导入	介绍三只小猪与大灰狼的故事背景与基本角色等	故事棒	讲述故事
发展故事	继续呈现故事，依次呈现三只小猪盖房子，其中稻草房子和木板房子被大灰狼吹倒，两只小猪躲到第三只小猪的石头房子中的故事	定格 故事棒 时光闪回 教师入戏	口述指导 角色扮演
创作故事	对三只小猪如何战胜大灰狼进行故事创作	良心小径 身体搭建	口述故事 角色扮演
	送给小猪"暖房礼物"	视觉艺术	引导绘画创作
	即兴表演"去三只小猪家做客"		角色扮演
反思与讨论	对故事创作的分享与反思	坐针毡	引导讨论

（一）暖身游戏

暖身游戏主要是在上课之初进行的放松肢体的简单戏剧游戏。以游戏提升参与者的各种能力，包括想象、创造、沟通、合作等。可以作为对主题活动的导入，让参与者对特定主题有预备和思考，也可用以帮助幼儿快速进入戏剧的状态，当幼儿达到了放松的目的时，即可以停止。

在"三只小猪"戏剧活动之初，可采用表演游戏"走走停停"帮助幼儿放松肢体，并在幼儿走与停之间，根据教师的要求，个人或与同伴合作用肢体表演"三只小猪""凶恶的大灰狼""胖胖的猪妈妈""美丽的大森林""石头房子"等与该故事密切相关的角色与物品，为幼儿理解和创作接下来的故事提供预备性思考。

(二)故事导入

故事导入部分即带领幼儿开始进入故事情景。教师可以采用口述故事的方式，或者采用相关戏剧教学策略引导幼儿与教师一起演绎故事的方式，对故事的背景、角色等进行初步的介绍。该部分实施的主要目的是为幼儿创作接下来的故事提供人、事、物等基本信息，以激发幼儿参与故事、获得角色认同感以及进行戏剧创作的兴趣与动机。

"三只小猪"戏剧活动中，教师采用"故事棒"的方式，让所有幼儿围成一个圈，教师在讲述故事的过程中，邀请不同的幼儿根据教师口述的故事内容融进故事圈中，协助教师把故事背景、角色等即兴演绎出来。由于戏剧活动的开展需要更加丰富、生动的故事与角色介绍，因此教师在开展戏剧活动之前，需要根据戏剧活动目标的设定以及活动环节的设计对故事进行改编与扩充，使其更加符合普通幼儿与特殊幼儿的认知与接受特点。在本次活动中，教师将故事导入部分改编为：

> 很久以前，在森林里<u>有一座又大又美丽的房子</u>，这座房子里住着<u>猪妈妈和三只小猪</u>。他们<u>在森林里幸福地生活着</u>。有一天，<u>猪妈妈</u>对<u>三只小猪</u>说，"孩子们，你们已经长大了，可以离开家自己独自生活了，你们要去外面看看广阔的世界，学着自己去建造一座美丽的房子了。"猪妈妈还特别嘱咐道："你们一定要知道，在森林里，<u>有一只特别凶的大灰狼，他特备爱吃小猪，你们一定要小心森林中的大灰狼</u>。"小猪们都<u>不太乐意，脸上都不开心</u>。但是<u>猪妈妈仍然坚持她的决定</u>，并告诉小猪们："你们必须要这样做！放心，我会经常去看你们的。"于是，吃完早饭，<u>三只小猪就开始各自回去房间收拾行李了</u>。猪妈妈也给小猪们准备了满满一袋子好吃的，<u>他们带着行李和好吃的就出发了</u>。
>
> （注：画线部分为故事棒教学策略中邀请幼儿们进入圈内进行表演的部分。）

(三)发展故事

在故事导入阶段，幼儿们已经基本了解了本次戏剧活动中的主要角色与故事背景，在故事发展部分持续深入，逐渐引导幼儿进入故事的张力或矛盾的部分。在故事发展阶段，幼儿对角色的了解与认同、故事情节的走向、情感的把握等逐渐加强，是引导幼儿进入创作阶段的关键性前提。

在"三只小猪"戏剧活动中，故事发展阶段是对接下来故事创作部分的重要铺垫。第一步，教师可以继续以"故事棒"的戏剧教学策略引导幼儿呈现故事，依次呈现"大灰狼吹倒第一只小猪的稻草房子""大灰狼吹倒第二只小猪的木板房子""石头房子难倒大灰狼"三大场景,每一场景的呈现均使用"定格"的方式引导幼儿讨论不同角色在不同场景中的心理变化与感受。第二步,继续帮助幼儿梳理故事,在故事中并没有过多对大灰狼和三只小猪其他背景的介绍,森林里有那么多大灰狼可以吃的小动物,为什么大灰狼却唯独对三只小猪穷追不舍?教师采用"时光闪回"的方式扩展故事,展现大灰狼与三只小猪之间的陈年往事。教师可采用图片提示,呈现大灰狼与三只小猪"关系破裂"的原因,比如"大灰狼借东西遭拒绝""孤独的大灰狼"等,将幼儿分组,依次呈现原因场景。第三步,教师扮演猪妈妈,鼓励小猪想办法与大灰狼化解矛盾,进一步激发幼儿进行故事创作的兴趣与动机。

（四）创作故事

创作故事阶段为故事戏剧教学模式中的关键步骤,可以采用创作潜在部分、发展更多角色、增加新问题与新情景的方式引导幼儿进行创作。

在"三只小猪"戏剧活动中的故事创作部分,引导幼儿创作的关键点如下所述:

第一步,如何在三只小猪与大灰狼的矛盾中化解对立的关系。为了阻止大灰狼吃掉三只小猪,并让大灰狼与三只小猪建立良好的关系,教师需要引导幼儿建构故事情节,鼓励幼儿说出自己的想法,教师引导和总结出解决问题的三大策略,例如"与大灰狼谈判""送给大灰狼礼物""邀请大灰狼来做客"等,并将以上策略依次进行角色扮演。角色扮演之后,大灰狼开始思考是否还要吃掉三只小猪,采用"良心巷"的教学策略帮助大灰狼做决定。

第二步,与大灰狼建立良好的关系后,三只小猪迎来了开心的独立生活,引导幼儿采用"身体搭建"的戏剧教学策略创作三只小猪坚固的石头房子以及石头房子中的陈设家具等。在搭建好房子之后,小猪决定开一场"暖房大狂欢"活动,邀请大灰狼以及森林中的小动物来家里做客。教师继续引导幼儿为了准备去三只小猪家做客,每个幼儿需要送给他们一张漂亮的"卡片"作为暖房礼物,开展手作艺术卡片制作活动。在本阶段的最后一部分,可以引导幼儿即兴表演森林小动物去小猪家做客,并采用"仪式"的方式引导幼儿在快乐的氛围中载歌载舞。

（五）反思与讨论

反思与讨论主要是引导幼儿回想并反思在前述3~4节戏剧创作中,自己作为某一个角色的感受与思考,并对故事的主题哲思进行进一步的升华与讨论。

"三只小猪"戏剧活动中,针对本次主题哲思"如何与他人化解矛盾",可以以"坐针毡"的戏剧教学策略,让幼儿以不同的角色进入圈内,与其他幼儿进行对话的方式进行交流讨论。

由于一个主题的戏剧活动需要教师引导幼儿针对角色与情节进行细致的讨论与挖掘,因此,一个主题的戏剧活动通常会采用3~4节课的时间进行充分组织。该模式中的每一个阶段并非固定不变的,由于每个融合班级中特殊幼儿的身心发展存在差异,普特幼儿之间数量比例的差异让戏剧活动具有更强的灵活性与可调整性。在实际教学过程中,教师可根据戏剧活动设计特点、特殊幼儿与普通幼儿的学习以及表演的特点进行适当调整与再创作,以形成适合于自己班级幼儿的学习与创作特点以及教师自己的戏剧教学风格。

> **三、故事戏剧模式的实践案例**

中班戏剧教学活动:野兽国的故事(2~3课时)

【设计思路】

特殊幼儿进入普通幼儿园后,能否被普通幼儿接纳并与普通幼儿建立积极的互动关系,将是衡量学前融合教育质量的重要指标。特殊幼儿与普通幼儿的互动与交往的体验将会影响特殊幼儿在融合幼儿园的整体经历。但在现实的学前融合环境中,特殊幼儿在理解同伴文化中的价值观和信念以及社交活动的关系模式时,仍存在较大缺陷。特殊幼儿通常很难交到朋友,经常被普通幼儿所忽略甚至拒绝。为了增强普通幼儿对特殊幼儿的接纳度,需要在活动中增加普特幼儿间交往与合作的频率,通过教师有目的的引导,促进普特幼儿彼此了解与接纳。本次戏剧活动来源于绘本《野兽国》,旨在通过有目的性、趣味性的活动目标与戏剧任务设置,增加普特幼儿之间合作的频率,促进普通幼儿对特殊幼儿的接纳,引导普特幼儿建立良性的同伴关系。

【学生情况】

本班共有23名普通幼儿、4名特殊幼儿(2名自闭症,2名智力障碍)。

【教学目标】

(1)根据故事线索,尝试用肢体动作和语言创造性地想象、创编、表达百兽之王和野兽狂欢等故事情节。

(2)迁移生活经验,通过师生互动、同伴合作等形式,创编不同的野兽造型,并与同伴合作完成小组表演。

(3)积极且投入地参与戏剧表演活动,在活动中能随情境的变化而变化表演内容,感受戏剧表演与创作带来的快乐。

【教具准备】

电子课件、音乐、动物头饰、国王王冠与披风等

【教学过程】

一、热身游戏部分

以戏剧游戏"动物出游记"，引导幼儿初步了解本次戏剧活动的主题以及活动中的相关动物角色。

游戏规则：随音乐自由活动手、脚、全身，在空间里自由移动身体，共享空间。当音乐停止，教师说出要幼儿个人或集体表演动物时，幼儿需要模仿并表演该动物的动作、声音、表情等，直至音乐再次响起，幼儿可进入下一轮表演。例如，教师说"三个小朋友表演调皮的山羊"，需要三名幼儿共同表演调皮的山羊的形象。

二、故事导入部分

教师讲述人物与故事情节：有个小孩，名叫麦克斯。有一天晚上，他穿着他的野狼装在家里没完没了地胡闹。看着被他闹腾得乱七八糟的家里，妈妈很生气地跟他说："你就是野兽！"麦克斯也生气地说："那我就要把你吃掉。"于是，妈妈不给他吃东西，要他赶快去睡觉。麦克斯怒气冲冲地回到房间，这个时候，他的房间竟然像施了魔法一样，发生了变化。

三、故事发展部分

教师采用"故事圈"的方式，让所有幼儿围成一个圈，教师边讲述麦克斯房间的神奇变化，边邀请不同的幼儿根据教师口述的故事内容融进故事圈中，协助教师把"麦克斯的神奇房间"即兴演绎出来。

"故事棒"即兴表演内容：<u>麦克斯打开房门，进入房间</u>。他发现，他的房间里竟然长出了树，有的树像山羊，有的树像老虎，有的树像猫咪……树越长越多，长到天花板垂下藤蔓，最后连成了一片森林。这时候，他原本柔软的大床好像会跳舞一样，在这片森林里翩翩起舞；他那把最喜欢的椅子，也好像被施了魔法一样，变成了一艘小船；放在窗子边的那张盖着桌布的圆桌变成了船桨，桌子上的桌布变成了船帆。突然，窗户也消失不见了，出现在麦克斯面前的完全是一个野外的世界。<u>他架上小船</u>，过了晚上，过了白天，经过了一周又一周，过了几乎一整年，最终来到了野兽国。（注：画线部分为故事棒教学策略中邀请幼儿们进入圈内进行表演的部分。）

四、故事创作部分

教师：麦克斯乘着他的小船到了野兽国，见到了最可怕的野兽。野兽们发出可怕

的吼声,露出可怕的牙齿,转动可怕的眼睛,伸出可怕的爪子。这真是野兽国中最可怕的野兽了。现在所有的小朋友都是野兽国的野兽,请你们表演"最可怕的野兽"。

（一）创作野兽的形象

教师:小朋友可以发挥想象力,你可以变成一个歪脖子的野兽,也可以变成一个弯着腰的野兽,还可以变成一只只有一条腿的野兽,还可以变成一个带刺的野兽。现在小朋友就想一想怎么表现出不同的野兽造型。

个体创作:教师邀请幼儿依次上前表演可怕的野兽,并对幼儿表演野兽时的动作、表情、声音等进行指导。

小组集体创作:将全班幼儿分成三个组,分别让三组幼儿讨论并设计野兽的名字、野兽的特殊技能以及野兽的声音。主讲教师与辅助教师分别对班级内的三个小组进行巡回指导。三个小组合作完成野兽的设计后,进行小组展示。

（二）初遇野兽

采用教师"旁白口述"的戏剧教学策略,进行麦克斯初遇野兽的情景创作。

故事情节:麦克斯到了野兽国,见到了一只老鹰怪、山羊怪和老虎怪(扮演三只野兽的幼儿依次出场)。麦克斯从来没有见过野兽,三只野兽也从来没有见过麦克斯,于是三只野兽商量了一下说:"这个小孩是谁啊,看他长得这么可爱,我们一起去吃掉他吧!"

山羊怪和老虎怪拍着手说:"好啊,好啊,吃掉他。"

山羊怪:我们怎么抓住他呢?

老虎怪:你从后面,我们两个在前面,一起抓住他。

野兽们慢慢地靠近了麦克斯。这时候,麦克斯被吓得瑟瑟发抖,不敢说话。但是突然他好像有魔法一样,向着野兽大喊一声:"不许动。我是勇敢的麦克斯,我一点都不害怕你们。"

麦克斯让野兽们不许动,他觉得野兽太高了,想让野兽坐在地上,于是他说:"你们都给我坐下。"于是野兽们乖乖地坐在了地上,一动也不敢动,他成了野兽国的国王。

（三）国王应该这样做

教师:麦克斯让野兽全部都听他的话,麦克斯就成了野兽国的国王。但是国王应该是什么样子呢? 让我们一起来为麦克斯创作国王的造型吧。

教师邀请一名幼儿扮演麦克斯,教师示范"他人肢体雕塑"的做法(教师轻轻拉起幼儿的一只手放在头顶,另一只手插在腰间,一只腿往前迈,完成国王的造型设计)。随后教师邀请一位幼儿扮演国王,另一位幼儿对扮演国王的同伴进行"他人肢体雕塑"的练习。

（四）野兽狂欢

教师：麦克斯成为国王后，野兽国里所有的野兽都听他的话。麦克斯下令说："现在，我们开闹，我不说停，你们不许停！"

教师采用"定格画面"的教学策略进行野兽狂欢情景的创作。

游戏规则：幼儿扮演野兽，可以伴随音乐在教室中与麦克斯一起自由舞动，当音乐停止时，幼儿需定格当下动作，保持当下动作的静止状态。当音乐重新响起时，幼儿继续舞动；音乐停止，动作定格，以此重复。

五、讨论与反思部分

（一）离开野兽国的决定

教师：麦克斯和野兽们跳舞从白天跳到了晚上，从地上跳到了树上。跳了三天三夜，这个时候麦克斯说"停"，你们不许再跳了，我想休息了。但是在这个时候麦克斯有点难过了，为什么他会难过呢？原来，他离开家已经很多很多天了，他想他的妈妈了。那么他到底要不要回家呢？

采用"良心巷"的戏剧教学策略，由一名幼儿扮演麦克斯，经过两旁站着同伴的通道，当他经过时，站着的同伴会以同伴或角色的身份提出建议，告诉麦克斯应该回家或者不应该回家的理由。当最后一名幼儿说完理由之后，扮演麦克斯的幼儿需要决定是否回家。

（二）留住野兽国的美好记忆

教师：麦克斯最终决定回家，但是又非常不舍野兽国的野兽朋友们。于是，他决定为每一位野兽朋友画一张相，并带回家作为纪念。

引导幼儿采用绘画的方式，画出自己心目中喜欢或者扮演的野兽，并采用"视觉艺术"的戏剧教学策略，引导幼儿对野兽的造型进行美化。引导幼儿动手创作，并对该主题进行延伸思考。

绘画结束后，教师总结：麦克斯带着给野兽们画的画像回到了家。当他到家之后，他发现，妈妈给他准备的饭菜还在桌子上热着呢。原来妈妈一直都在等麦克斯回家呢。

【教学延伸】

1.阅读绘本《野兽国》。

2.在区角游戏时间，引导幼儿表演克斯回家后见到妈妈的情景。

第二节　问题解决戏剧模式的教学活动案例

　　故事之所以备受幼儿喜爱,是由于故事创作者在进行故事创作的过程中,注意从幼儿的生活世界出发,把握幼儿的兴趣点,将幼儿能够理解并且生活中喜闻乐见的问题在故事情节中进行转折性、戏剧性的推进。而故事中让幼儿所意想不到的问题转折,即故事的张力,也就形成了幼儿感受到的乐趣或者惊喜。在课堂中,当教师声情并茂讲述故事时,出现了幼儿们那一张张被故事张力所吸引的好奇脸庞。

　　在第一节的故事戏剧模式中,我们主要介绍了教师如何采用戏剧教学的方法推进故事,那么当我们的故事出现转折性的、需要解决的问题时,该如何进行戏剧教学呢?当然,故事书可以告诉幼儿故事中的主角是如何解决那紧迫的问题的,但是幼儿们天马行空的想象却可以告诉我们针对同一问题的丰富多元的、更巧妙的答案。因此,在本节我们将继续探讨在故事推进的过程中如何进行一堂围绕某一问题而开展的问题解决式戏剧教学。

　　> 　一、问题解决戏剧模式的定义

　　问题解决是个体的一种复杂的心理过程,在教育心理学中占据重要的研究位置。它是指由一定的情景引起的,按照一定的目标,应用各种认知活动、技能等,经过一系列的思维操作,使问题得以解决的过程。从本质上来看,它所描述的就是个体对问题情境所做出的适当反应的过程。

　　在《3—6岁儿童学习与发展指南》的社会领域中,"活动时能与同伴分工合作,遇到困难一起克服""主动承担任务,遇到困难能够坚持而不轻易求助"等条目都是聚焦的社会领域中的问题解决目标。问题在幼儿的生活中是普遍存在的,如与小伙伴发生冲突、得不到自己想要的玩具等,这些生活中的问题情景都可以成为该模式下的一种戏剧教学主题。除此之外,绘本或者故事书也可以给予我们很多的问题来源,例如,在我国传统文化绘本《老鼠娶新娘》中最突出的一个问题就是小老鼠美叮当被大黑猫抓走后如何逃脱?在《古利和古拉》绘本中,古利和古拉在森林中遇到与自己身形一样大的"鸡蛋"时,如何将其运回家,并做成美味食物与朋友共享等。这些问题看似来源于故事,却又与幼儿的兴趣点契合,是进行问题解决戏剧模式教学的最佳素材。

　　由此可见,问题解决戏剧模式就是指以幼儿发现的急需解决的问题为导向,激发幼儿在戏剧情景中的问题意识,引导幼儿通过合作、分享、承担、思考等发挥探究精神,从而解决问题的一种戏剧模式。

> ## 二、问题解决戏剧模式的实施流程

对融合幼儿园中的教育对象来说,尤其是身心发展迟滞的特殊幼儿,难以理解故事中的抽象问题,就需要教师在戏剧教学过程中针对故事情景、角色等进行详细的铺垫,让幼儿形成对情景和角色的认同感,在幼儿与故事之间建构一种牢固的情感连接,由此才能激发幼儿迫切解决问题的动力和积极性。在此基础上,再进行问题的呈现、解决并达成共识。

该模式的实施分为:暖身游戏;故事导入;设定故事情景,开始角色扮演;问题呈现;讨论解决方案,形成解决共识;扮演共识内容;发展故事结尾。以"老鼠娶新娘"戏剧教学的活动为例,其戏剧活动流程见表7-2。

表7-2 "老鼠娶新娘"戏剧活动流程

教学模式流程	实施的主要内容	教学策略	教师角色
暖身游戏	猫抓老鼠游戏	戏剧游戏	引导游戏
故事导入	音乐+童谣导入:"一月一,年初一。一月二,年初二。年初三,早上床,今夜老鼠娶新娘。"		讲述故事
设定故事情景,开始角色扮演	● 讲述老鼠村在年初三的故事 ● 老鼠村村长介绍女儿美叮当要出嫁的消息,塑造美丽的美叮当	● 定义空间 ● 教师入戏 ● 视觉艺术	● 口述指导 ● 角色扮演
问题呈现	● 教师入戏再现发愁的老村长:美叮当应该嫁给谁 ● 提出三项条件并开展竞选大赛 ● 了解"抛绣球"文化 ● 大黑猫出现抓走美叮当	● 教师入戏 ● 镜像 ● "新闻联播"	● 口述故事 ● 角色扮演
讨论解决方案,形成解决共识	● 讨论解救美叮当的方法,由教师对幼儿的想法进行一一记录 ● 从幼儿的各种问题中,确定最有效的三种方法予以扮演		引导讨论
扮演共识内容	将前述选出来的三种方法进行扮演	教师入戏	● 角色扮演 ● 口述指导

续表

教学模式流程	实施的主要内容	教学策略	教师角色
发展故事结尾	● 救出美叮当 ● 角色表演"老鼠嫁女"	仪式	● 引导讨论 ● 口述指导
自由延伸	● 老鼠嫁女剪纸文化欣赏 ●《老鼠娶新娘》绘本阅读		教学引导

（一）暖身游戏

暖身游戏可以帮助幼儿的肢体得到放松，一方面做好进入戏剧活动的准备，另一方面在游戏中可以设计与本次戏剧活动有关的角色，让幼儿对接下来要接触的戏剧角色有先验的认知。

在本次"老鼠娶新娘"戏剧活动中，教师组织的戏剧活动为"猫抓老鼠"的游戏。其步骤如下：

（1）全班幼儿围成一个圆形站在活动室中央位置；

（2）挑选6~8名幼儿作为"猫"，站到圆圈外围；

（3）再挑选6~8名幼儿扮演"老鼠"，站到由其他幼儿围成的圆圈之内。

（4）其他幼儿扮演隔离猫与老鼠的"围墙"。当扮演"围墙"的幼儿与其左右两边的幼儿拉起手来时，代表猫无法进入内圈抓住老鼠，只能留在圈外，相应地，老鼠也无法跑到圈外。当扮演"围墙"的幼儿没有与他人牵起手来时，老鼠和猫都可以进行自由出入。

通过这样的暖身游戏，让幼儿既活动了身体，也明确了本节课的活动主题。

（二）故事导入

在问题解决戏剧模式之下，教师要尤为注重故事的导入环节，让幼儿可以充分了解故事发展的背景与角色。在本次"老鼠娶新娘"活动中，教师可采用音乐加童谣的方式，将幼儿引入到老鼠与猫的故事情景中，童谣内容为："一月一，年初一。一月二，年初二。年初三，早上床，今夜老鼠娶新娘。"由此，将故事的主线以趣味性的童谣的方式告知幼儿。

（三）设定故事情景，开始角色扮演

教师继续讲述："在中国的习俗中，年初三是老鼠娶新娘的日子，小朋友们知道它的由来吗？这就要从一个非常非常有趣的故事开始……传说，从前在一个墙角下，有个老鼠村……"那么老鼠村是什么样子的呢？教师可以将全班幼儿分成两组,采用"定义空间"的戏剧策略,让两组幼儿通过教师提供的参考图进行老鼠村和猫村的空间设计(图7-1)。教师分别将放大的两幅图交给各组的幼儿,由幼儿对猫村和老鼠村进行规划,如房子、运动场、山、公园等。定义结束后,由两组幼儿分别介绍各村的基本状况。

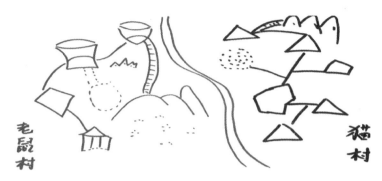

图 7-1　老鼠村与猫村的轮廓图

教师入戏扮演老鼠村"村长"。教师可带上卡通的老鼠发夹或者帽子,代表教师已经进入"村长"的角色。村长自述:我是老鼠村的村长,我有一个女儿叫美叮当,我的女儿既漂亮又乖巧,现在她长大了,也该成家了,但是我要把我女儿嫁给谁呢？真是难倒我了。

采用视觉艺术教学策略塑造美丽的"美叮当"。教师先给学生展示美丽的小老鼠的一段视频,给学生后续的学习提供先验经验,随后可将剪好的小老鼠、裙子、帽子、鞋子等分给孩子,让孩子去做彩绘装饰并展示一下自己塑造的美叮当,以美叮当的视角自己准备一段话,也可以增加才艺表演等。

在以上四个步骤中,教师就故事的背景,以幼儿全面参与的方式进行了戏剧性的展现,既了解了老鼠村和猫村的基本样貌,知道了老鼠村村长的烦恼,也塑造了美丽的角色美叮当。尤其幼儿在塑造美叮当的时候,为后续美叮当被大黑猫抓走而引发幼儿积极的问题解决参与提供了强烈的铺垫。因为,在幼儿心目中,被抓走的美叮当就是在这一环节中幼儿所塑造的那个美丽、可爱的小老鼠,自然也就让幼儿能够更加投入地进行问题解决的环节。

(四)问题呈现

从该环节开始,就进入了本主题活动开展得最具有张力的部分。该部分主要呈现美叮当被大黑猫抓走的过程。

教师入戏继续扮演发愁的老鼠村村长,引出"老鼠出嫁"主题。引导幼儿想象并思考美叮当应该嫁给什么样的小老鼠。根据幼儿的回答,教师可以让幼儿投票选出最受欢迎的三项标准,例如,必须是一只爱干净的小老鼠,要有一些才艺,还要会玩有趣的游戏。

采用教学策略进行三项标准的表演。以"照镜子"游戏(镜像),展示爱干净的小老鼠;以"新闻联播"播报的方式,讲述老鼠村的才艺大比拼;组织"大风吹"游戏,让幼儿扮演不同性别、性格、爱好的小老鼠。

例如,在"照镜子"游戏中,教师可以与一名幼儿进行示范,教师扮演小老鼠,该名幼儿扮演镜子,教师边说边做动作,"我是老鼠村最爱干净的小老鼠,早上起来,先去照照镜子,对着自己笑一笑,美好的一天开始了(伸个懒腰)。先去刷个牙,上刷刷,下刷刷,左刷刷,右刷刷,漱个口,好舒服啊……"。在此过程中,教师边说边做动作,扮演镜子的幼儿就要进行动作的模仿和跟随,扮作镜子中的小老鼠。以此示范后,将幼儿两两分组,进行游戏。

在才艺大比拼环节,教师引导幼儿在空间中自由地展现自己的才艺,比如,唱歌、跳舞、运动、绘画等,告诉幼儿你们的才艺会有"小记者"进行现场播报。给幼儿十秒钟时间思考自己的才艺,随后让幼儿自由发挥。由教师或者教师指派的幼儿扮演"小记者",为当下的才艺情况进行"播报"。

在"大风吹"游戏中,所有幼儿围成一圈,教师告诉所有的幼儿游戏规则:"你们都是老鼠村漂亮、帅气的小老鼠,现在老师要说'大风吹',你们就要问'吹什么',老师回答'吹穿裙子'的小老鼠,那么穿裙子的小老鼠就要来到圆圈中间进行展示。"以此类推,例如爱笑的小老鼠、喜欢分享的小老鼠等,由幼儿决定上台展示的类型。

由老鼠嫁女,引出中国"抛绣球"文化。引导幼儿了解"抛绣球"文化(来源、含义、文化、制作等),教师准备相关材料,让幼儿装扮美叮当的绣球。

大黑猫出现,抓走美叮当。美叮当刚要抛绣球,大黑猫突然出现,抓走了美叮当。接下来可进行"新闻联播"的教学策略,即报道美叮当被抓走后,村里每个人的感受或想法。

(五)讨论解决方案,形成解决共识

该部分是幼儿展现其问题解决能力的主要环节。教师在该环节中,应帮助幼儿先梳理"美叮当被大黑猫抓走"的来龙去脉,引导幼儿发挥想象,将整体事件的发生与可能出现的结果进行再一次澄清,其目的就是帮助幼儿分析问题。为了避免美叮当被抓走后可能出现的"结局",如被吃掉等,教师就要激发幼儿主动想办法解决问题的积极性和主动性。在幼儿进行思考之后,由幼儿提供美叮当"营救计划",教师将幼儿的想法一一记录。在确定所有的想法都被关注和记录后,由教师带领全体幼儿投票选出他们认为最有效的三种方法,并由教师将这三种方法写在或者画在白板上。

（六）扮演共识内容

幼儿提出了解决方案之后,接下来就要验证解决方案的有效性了,以此来判断此次问题解决的成效。

该环节主要是采用戏剧扮演的方式,帮助幼儿将自己的想法完整地呈现出来。在上一环节中,教师与幼儿选出了三种最为有效的营救方法,这一环节就可以验证问题解决方式的有效性。即采用即兴戏剧扮演的方式将三种解决办法进行一一呈现。在即兴表演中,幼儿没有过多的束缚,按照幼儿与幼儿之间对该方法的理解和互动,推动情节发展即可。在该环节,幼儿会发现三个方法似乎都不能救出美叮当,可能其中的一两个办法可以发挥作用,也可能三个办法都有效。

根据幼儿即兴表演的内容,教师决定采取下一步行动。例如当幼儿发现三个办法均不起作用时,那就需要教师引导幼儿一起分析每一种方法不起作用的原因是什么,在此基础上选出可以实施的方法,再一次进行即兴表演。

（七）发展故事结尾

该环节作为问题解决式戏剧模式的最后一个环节,其目的在于引导幼儿共享问题解决后的胜利和成就感。因此,在该环节,教师一般会选择一些具有仪式感的、喜庆的游戏或活动方式,以"庆祝"问题的顺利解决。

在"老鼠娶新娘"活动中,在故事结尾,幼儿们"营救"出了被抓走的美叮当,全老鼠村喜气洋洋。教师为了引导幼儿感受这一份喜悦,可以采用"仪式"和"肢体搭建"的教学策略,进行仪式表演老鼠嫁女。引导幼儿采用肢体搭建的方式,搭建花轿、红盖头等,通过幼儿的合作进行放鞭炮、锣鼓喧天的情景设置等。让全体幼儿"入戏"扮演老鼠村的村民,全村人载歌载舞,塑造喜庆的氛围。在该环节的最后,美叮当的婚礼上,可以设计老鼠村村长发言,让"仪式"的教学策略体现得更加充分。

此外,"村长发言"环节对幼儿来说具有一定难度,但多次重复练习之后,教师可以从中感受到幼儿在整个活动中的情感与认知情况。从经验来看,这样的环节,也是更能够体现幼儿天马行空的想象力和出现让教师意想不到的惊喜的环节。

最后,此次活动来源于绘本《老鼠娶新娘》,在经过了五次戏剧活动后,幼儿们对老鼠村中各个角色都已经极为熟悉和认同,对故事的情节走向也形成了清晰的认知。在此基础上,可通过区角活动或者语言活动,将《老鼠娶新娘》的绘本故事进行阅读分享。

或者在艺术领域活动中,伴随民间传统嫁娶音乐的快乐旋律,欣赏剪纸动画《老鼠嫁女》。

> ## 三、问题解决戏剧模式的实践案例

小班戏剧教学活动:有趣的搬蛋(1~2课时)

【设计思路】

　　幼儿在日常生活中经常会遇到较大的物品,如何搬动这些物品呢? 这就涉及问题解决。本次戏剧活动来源于绘本《古利和古拉》,旨在通过"如何搬大鸡蛋"这一趣味性问题,引导幼儿感受人多力量大的合作精神和互助精神。

【学生情况】

　　本班共有19名普通幼儿,2名自闭症幼儿。

【教学目标】

　　(1)了解蛋是易碎品,并尝试各种搬蛋的办法。

　　(2)尝试倾听同伴指令,并用身体动作来表现搬蛋的各种办法。

　　(3)体验与同伴合作的乐趣。

【教具准备】

　　一颗鸡蛋、大软球、音乐、电子课件

【教学过程】

　　一、谜语导入,激发兴趣

　　1.出示谜语,引出"蛋"

　　师:椭圆的身体,有白有绿,易碎。身体里面的宝贝一白一黄真好看。这是什么呀?

　　2.出示一鸡蛋,并请一名幼儿进行敲蛋的游戏

　　小结:原来是蛋,蛋是一种很容易碎的物品。

　　二、欣赏绘本《古利和古拉》,探寻搬鸡蛋方法

　　(1)他们在森林里发现了什么? 一只怎样的蛋?

　　(2)古利和古拉会用什么办法来搬蛋呢?

　　小结:古利和古拉把蛋搬回家了吗? 你们来帮它们想想办法吧!

三、大胆想象、创意表现,用不同的动作表现搬蛋的办法

(1)幼儿用肢体动作来表现搬蛋的办法。

引导语:可以请小朋友来扮演蛋、古利和古拉,大家一起试一试你们的搬蛋方法好不好用。

(2)鼓励幼儿表现不同的搬蛋的办法。

(3)尝试合作,表现搬蛋办法。

小结:蛋很重、很大,我们要用什么表情和动作表现呢? 对于容易碎的蛋,什么样的方法更合适?

四、探寻搬"易碎"鸡蛋的不同解决方法

(1)增加搬蛋的前提条件——鸡蛋很容易碎,引导幼儿通过个人与团队合作的方式创意表现。

(2)跟随故事,尝试合作表演。

五、搬蛋方法的分享交流

(1)教师引导幼儿回顾有效的搬蛋方法有哪些。

(2)引导幼儿讨论在肢体表演搬蛋过程中的感受。

【教学延伸】

(1)语言领域主题教学《古利和古拉》。

(2)健康领域主题教学"美味的鸡蛋"。

(3)户外游戏邀请幼儿玩"搬蛋"游戏。

第三节 角色表演戏剧模式的教学活动案例

角色表演是幼儿戏剧存在的本质。在幼儿的戏剧教育中,角色表演更是幼儿喜爱的一项活动。在幼儿扮演不同角色的同时,可以与不同的同伴在互动中发挥想象、表达思想,让幼儿感受到当自我创造与故事的趣味情节相结合时所迸发出的成就感和幸福感。正如哲学家罗素所说的:"装扮与游戏是孩子在幼儿时期生命攸关的需要,若要孩子幸福、健康,就必须为他提供装扮和游戏的机会。"角色表演式的戏剧教学模式,正是以幼儿角色扮演活动为主要教学思路的一种范式。

> **一、角色表演戏剧模式的定义**

在《3—6岁儿童学习与发展指南》中,角色扮演的相关要求广泛地分布于语言、艺术等领域中。例如,在艺术领域的目标之"具有初步的艺术表现和创造能力"中,明确提出了"能自编自演故事,并为表演选择和搭配简单的服饰、道具或布景"。此外,在幼儿的实际教学活动中,角色表演的教学方法也是幼儿园教师的 5 大领域教学中采用得最多的方法。

角色表演之所以备受关注,是因为幼儿角色表演的基本旨趣在于它是以种游戏的方式出现在幼儿的活动中。当游戏与角色扮演同时出现时,会推动幼儿在故事情景中获得想象力和生命力的体验、释放和享受。在戏剧教学活动中,当幼儿进入故事情节后,幼儿会在自己的认知范围内对故事中的角色和情节进行自我分析与信息加工,这种对故事情节和角色的分析和加工,会让幼儿更趋向于对某个或某几个角色的认同,同时还会对该角色的相关情节展开自己的想象和创编。从戏剧的本质特点来看,故事情节的张力主要来源于角色或情节的转折或反转,而故事张力也正是幼儿全身心投入到戏剧活动中的主要动力。因此,在故事张力的推动下,幼儿将自己所认同的角色和自己所想象的情节,通过自己的表现付诸他人面前时,会激发出来更多的自由向上、感受力高涨、创造力爆发等带来的快乐与满足。

综上所述,角色表演式戏剧模式是通过角色扮演的游戏活动,引导幼儿展现角色、体验角色、创造故事情节,发挥自我感受力、理解力、创造力和想象力的过程。在这个过程中,幼儿通过角色扮演、模仿、肢体创造、游戏等方法发挥想象力和创造力,进行自我或团体的艺术性表达。他们可以根据自己对情景、情节、角色的理解,自我决定式地创编角色台词、动作、语音语调等,将戏剧情节与幼儿自身认知和经验相结合,去进行领悟和学习。

> ## 二、角色表演戏剧模式的实施流程

在融合幼儿园中,特殊幼儿身心发展的差异主要体现在感知觉、认知、注意力、思维、语言、情绪情感等方面。尤其是思维方面,多数特殊幼儿的思维直观、具体,他们对外界事物的学习与认知需要与具体情景联系在一起,任何需要调动抽象思维能力的活动都会让他们感到困难。

而角色表演,恰好就是将具体情景融入学习过程中的一种方式。在角色扮演中,平面的绘本,复杂抽象的人物、情节,全部活灵活现地来到幼儿眼前,特殊幼儿可以看到教师与其他同伴将故事情节和角色生动地展示出来。所有故事中的内容,都以具体、直观的形式得以呈现。对特殊幼儿来说,角色扮演式的教育戏剧模式是最适合他们进行知识理解和自我表达的一种教学范式。该戏剧教学模式的实施可以分为暖身游戏、故事导入、表演练习、分享与呈现、故事/表演反思、情节再创造六环节。以"老鼠

象"戏剧教学的一节活动为例,上述六个步骤的实施流程见表 7-3。

表 7-3 "老鼠象"戏剧活动流程

教学模式流程	实施的主要内容	教学策略	教师角色
暖身游戏	狮王进行曲	戏剧游戏	引导游戏
故事导入	出示绘本故事老鼠和大象的图片,引导幼儿说说他们的故事	故事棒	讲述故事
表演练习	●火山爆发,导致不同动物组合在一起 ●启发幼儿展开"动物组合"奇思妙想	教师入戏	●口述指导 ●角色扮演
呈现与分享	●教师与一名幼儿示范动物组合造型 ●幼儿进行动物组合后的肢体自由表演	●教师入戏 ●肢体搭建 ●定格	●口述故事 ●角色扮演
故事/表演反思	引导幼儿感受不同生活方式、活动方式、身形大小的动物,并反思		引导讨论
情节再创造	●引导思考如何通过肢体的相互合作让"不便"变为"方便" ●幼儿组成新动物造型,音乐停止,定格造型	定格	●引导讨论 ●口述指导

(注:该戏剧教学案例来源于厦门市同安区/海沧区融合教育教学研讨　詹秀玉　张莉莉　上官敏)

绘本故事《老鼠象》生动有趣,并留有很大的想象空间,是帮助幼儿了解世界、培养想象力、发展情商和智商的好题材。《老鼠象》绘本故事分为三个部分:第一部分讲老鼠和大象是超级要好的朋友。第二部分讲火山爆发,老鼠和大象融在一起变成了老鼠象。最初很开心,但它们很快就发现这给各自的生活带来了不便。第三部分讲老鼠象打了一个大喷嚏,大地颤抖起来,所有的动物都变回原来的样子,开心地生活。绘本故事表达的是生命的独一无二,要学会彼此尊重的主题思想。本课以绘本故事《老鼠象》为载体,开展教育戏剧活动。教学中充分利用故事角色、故事情节和想象空间,解构故事中各种可供戏剧表演的元素,创设教学情境,引导幼儿在轻松愉快的教育戏剧活动中大胆运用肢体表现各种动物造型及活动,并从中感悟生命的独一无二,学会彼此尊重。具体实施步骤如下。

(一)暖身游戏

在本节"老鼠象"戏剧活动的暖身游戏中,教师采用的音乐《狮王进行曲》加动作模仿的形式,创设了森林大王狮子要过生日、森林中的小动物前去参与生日宴会的情景。该环节的目的在于帮助幼儿进入情景,引导幼儿用肢体动作表演各种动物造型,

并在欢快的音乐中自由活动,激发幼儿对接下来戏剧活动的兴趣。教师的教学实践如下:

首先,教师出示狮子图片,提问:小朋友们,它是谁? 听听狮子说了什么(教师提前录音,以狮子的口吻邀请森林中的小动物前来参加生日宴会)。

其次,教师引导幼儿表演森林里的动物造型,鼓励幼儿根据所扮演的动物的特点,跟着音乐《狮王进行曲》开心地舞动,表演去狮王生日会的动作、表情、过程等。

(二)故事导入

在该环节,教师需要引出本次戏剧活动的主要角色:老鼠和大象,并逐渐带领幼儿进入故事情节中。告知幼儿们他们无法参加狮王的生日宴会,因为他们遇到了一些麻烦。随后,教师出示绘本《老鼠象》,在教师的口述中,采用故事棒的教学策略,将该绘本的前半部分故事进行集体的角色演绎。在实施过程中,幼儿们围成圆圈,教师边口述故事,边邀请不同的幼儿根据故事内容融进故事圈里将相应情节表演出来。故事内容如下:

在很久很久以前,老鼠和大象是一对非常好的朋友,他们几乎做什么都在一起。每天早上,大象起床后,第一件事就是来到隔壁小老鼠的窗前,拍拍小老鼠的小窗子,送上早安,他跟小老鼠说:"我亲爱的好朋友,今天太阳太暖了,我们一起去划船吧。"小老鼠则会伸伸懒腰,打个哈欠,回应着大象:"好呀,这就来。"大象和老鼠就是这样一对形影不离的好朋友,每天森林中都会出现他们快乐玩耍的身影。有时候他们牵着手,有时候一前一后,有时候小老鼠坐在大象的大耳朵旁。每当有小伙伴对他们的形影不离感到惊讶时,他们就异口同声地说:"我们是永远不会分开的!"(注:画线部分为故事棒教学策略中邀请幼儿们进入圈内进行表演的部分。)

(三)表演练习

该环节是幼儿进行肢体表演和角色扮演的前序准备环节。教师需要在该环节中充分创设与角色扮演的相关情景,激发幼儿对角色的理解和认同感,并对接下来的故事情节走向进行初步的理解。

在本次"老鼠象"戏剧活动中,教师播放火山爆发音效,启发幼儿猜想发生了什么事,动物们会怎样等问题。随后出示火山爆发导致的"动物组合"现象。在相关动物组合的图片中(教师事先准备好如青蛙和兔子组合在一起、长颈鹿和山羊组合在一起之类的图片),引导幼儿观察动物组合后的特点,并对不同的动物组合进行详细的分析。教师通过观察和分析,引导幼儿对相关图片中的动物造型进行模仿与练习。

在对示范的动物组合案例进行分析后,教师可以鼓励幼儿想象哪些动物可能还会组合在一起,并邀请幼儿进行表演和示范。

这就让幼儿理解了接下来要呈现的不同动物的"肢体组合"的基本样态和要求。

(四)呈现与分享

在前一阶段中,教师已将明确的表演步骤与要求进行了分析和解释。在该环节,教师可以给予幼儿一定自由表演和创造的时间。在充分的示范后,教师播放音乐,引导幼儿寻找合作伙伴,表演动物组合后的造型。教师及时提示幼儿感受自己在与同伴合作表演过程中的想法与体验。该环节可以激发幼儿用身体去表达思想,用富有幻想的头脑去行动,大胆表达自我,并能在特殊幼儿与普通幼儿之间形成积极的合作与互动。

在该环节教师需要给幼儿提供绝对的自由,如,给予足够的时间以保证幼儿足够的思考和创造,以及情绪与情感表达的自由和空间的自由使用等。对教师来说,该环节是极为重要和关键的。教师需要注意:

第一,耐心等待幼儿的创作。

第二,密切关注每一个幼儿表演的过程,尤其是特殊幼儿的参与和表演情况。

第三,当幼儿需要教师的支持与引导时,教师要及时介入。例如,当幼儿出现表演困难时,教师要及时示范。

第四,需要教师具备及时发现问题、解决问题的敏锐度,对幼儿可能出现的问题进行预判。

第五,教师要对在该环节中发现的问题进行及时的思考,将下一环节的反思和本次活动的教学目标进行主题链接。

(五)故事/表演反思

本环节的主要目标在于幼儿对上一阶段的表演中出现的问题或者相关感受进行反思和表达。本次戏剧活动的第四个环节中,在教师的引导下,不同的幼儿想象自己作为森林中的小动物,由于火山爆发,与其他幼儿扮演的小动物形成了肢体上的"组合"。

在上一环节幼儿的肢体组合表演中,不同生活方式、活动方式、身形大小的动物实现肢体的组合后,在行动上势必会出现差异性,这种差异性可能会成为幼儿在表演时的一种"障碍"或"困难"。例如,长颈鹿与袋鼠的组合,一个身形高大,行走时需要稳步前进,一个则身形较小,需要跳跃式前进。这样的一组幼儿在表演时,会体现不同动物的身体特征、生活与行动方式的不同等。因此,在本环节,教师主要引导幼儿回想上一阶段自己在与同伴合作表演组合而成的"新动物"时的感受和想法。

在幼儿讨论后,教师可以概括其中心思想,即每个人都是独一无二的,都有自己的生活方式。由此也就体现出了本次活动的设计意图与幼儿活动体验和生活经验的结合,启发幼儿感悟人和动物一样,都是独一无二的,都有自己的特点和生活方式,要学会互相尊重。

（六）情节再创造

在幼儿全面理解了"每个人都是独一无二的,要彼此尊重"的教学目标后,教师可继续引导幼儿进行深层次的思考,即如何通过肢体的相互合作将"不便"调整为"方便"。这一点正是幼儿戏剧教育对幼儿身心发展最有价值的部分,戏剧并不只是角色上的暂时性表演,更是在表演之后对活动主题的重新思考,以及在此基础上进行的自我重塑、改变、提升等。

在本次戏剧活动中,幼儿体会到不同形态的动物"组合"后的不便,如何进行自我调整与适应呢? 教师可引导幼儿对该问题进行思考,在幼儿面前进行示范、讲解等。最后,在音乐的氛围下,教师鼓励幼儿与刚才合作的同伴共同尝试各种方法的有效性,音乐停止,定格造型,让幼儿谈论当下的感受与想法。从第五阶段的组合造型到第六阶段调整后的组合造型,既可以让幼儿理解"独一无二",也可以帮助幼儿感受到"自我调整与提升"。

> ### 三、角色表演戏剧模式的实践案例

中班教育戏剧活动：气球冒险（1~2 课时）

【设计思路】

戏剧的起源无论是神秘且神圣的"巫术说",还是远古时期粗犷且英勇的人类表演兽猎兽活动,都存在一个统一性的特征:戏剧是在群体活动中,由众人合作为完成一个共同的目标而参与直至结束的活动。戏剧本身所具有的群体统一性与合作性为实现普特幼儿实现融合教育的目标提供了坚实的现实基础。戏剧可以在情景、情节、角色、游戏等相关要素中,淡化不同发展水平之间幼儿的差异性,让所有幼儿为了戏剧情节的走向而共同付出的努力。要实现这一目标,在戏剧中担任不同角色的幼儿就要各司其职,但又要密切合作、相互支持,这样高频率的互动和接触,无形中也就促进了普通幼儿对特殊幼儿的理解和接纳。本次"气球冒险"戏剧活动,就是体现戏剧的群体合作性特征的一堂戏剧活动。

【学生情况】

本班共有19名普通幼儿、2名特殊幼儿(1名自闭症,1名唐氏综合征)。

【教学目标】

(1)观察气球变化,知道气球在充气和消气的状态。

(2)尝试倾听指令,并用身体动作来表现气球状态的变化。

(3)体验与同伴合作的乐趣。

【教具准备】

经验准备:玩过气球的经验。

材料准备:气球、打气筒、音乐、PPT。

【教学过程】

一、暖身游戏:变大变小

(1)合作游戏:全班幼儿手拉手围成一个圆圈,根据教师的指令,集体表演圆圈变大变小的状态。

(2)个体表演:根据教师的指令,通过身体的变化来体现大与小。

二、谜语导入,激发兴趣

1.出示谜语,引出"气球"

师:圆圆的身体轻又薄,有红有绿颜色多,拴在线上轻轻舞,松开手儿飞上天。这是什么呀? 你是怎么知道的?

小结:原来是气球,它有各种各样的颜色和形状,充气后要绑起来,否则就会飘走。

2.介绍气球,引导幼儿观察气球充气和消气的变化

师:充气和消气时,气球发生了什么变化?

小结:充气时,气球慢慢地由小变大;消气时,气球则慢慢地由大变小。

三、表演练习,创意表现气球的不同状态

1.幼儿用肢体动作来表现充气的气球

引导语:现在你就是扁扁的气球,还没有充气,当我从1开始数的时候,气球就会慢慢地充气,数到10,气球才充气完成。气球充气完成,请不要动哦!

2.鼓励幼儿用肢体表现不同形状的气球

3.幼儿用肢体动作表现消气的气球

引导语:你的气球好大,现在准备消气了,从10开始倒数,气球慢慢变小,数到1,

气球才消气完成。

4.观察气球松开时的变化,尝试表现气球流动

师:如果把充好气的气球松开,会发生什么? 它是怎么飞出去的? 你能用动作来表演吗?

5.运用想象,创意表现气球爆破的情形

师:如果鼓鼓的气球遇到尖尖的树枝会怎样? 可以用动作来表现吗?

小结:你们用身体表现了气球的各种状态,扁平气球—充气—飞行—遇到树枝爆破,这是一个有趣的过程,也是气球的冒险之旅。

四、分享与呈现,通过戏剧合作表现气球的不同状态

师:现在找 1~2 个小伙伴合作变一个气球,这个气球充气、消气、飞行、爆破时会怎样呢? 我们来试试吧!

五、故事讲读与反思

引导语:带来一个关于气球的故事——《气球冒险记》,我们仔细听一听!

六、在故事情景中情节再创造,创意表现气球的不同情形

(1)边听故事,边创意表现。

(2)跟随故事,尝试合作表演。

七、分享交流

师:小朋友们玩得开心吗? 今天我们的游戏先到这里,下次户外游戏时,我们再玩这个游戏好吗?

【活动延伸】

邀请幼儿玩气球冒险游戏。

(教资料来源:福建省厦门市新阳幼儿园　蔡楚楚)

第四节　即兴表演戏剧模式的教学活动案例

英国著名戏剧理论家马丁·艾思林将戏剧比喻为手抄版书籍,将电影、电视则视作原本书籍的印刷本,这体现了前者为"原创",后者为"复制"的特征。其中,这难以复制的内容正是戏剧最重要的"独门秘诀"。在戏剧中,用栩栩如生的角色,创作出可

以直接与观众进行双向交流的表演,这样的表演具有即时性,是一次性且难以复制的①。下一次演出由于环境、氛围及演员自身条件的变化,又会呈现不同的戏剧效果。正是这样的难以复制性,才让每一次戏剧演出都变得难能可贵②。

不仅戏剧表演有即时性,在幼儿的戏剧教育活动中,戏剧的即时性也具有充分的表现。这主要依赖于戏剧作为综合艺术形式的结合体,在引导幼儿进入意义情景方面具有天然的优势。在教师精心创设的戏剧情景中,环环相扣的情节设计、栩栩如生的角色形象、浓厚强烈的情感意蕴等都会激发幼儿内心对当下情景最真挚的情感。幼儿会如何表达在当下情景中的深刻感受呢? 即兴表演就给了幼儿充分表达自我的机会与"舞台"。

> 一、即兴表演戏剧模式的定义

戏剧能赋予人们以清冽的感受。戏剧中所创造出来的无与伦比的欢乐和充实,也在我们面前打开了一个焕然一新的、无限美妙的生命世界。这就是戏剧中即兴表演的魅力之所在! 这种魅力不仅让观众可以欢畅淋漓地感受戏剧的深厚内涵,更可以让戏剧的表演者(参与者)释放心理能量,让自己的情绪情感得到表达。幼儿并不具备成人专业演员的综合表演素养,但是幼儿也有表达自我的热情和能力。即兴表演式的戏剧教学更容易让幼儿"入戏",更容易激发幼儿内心丰富的情感。

当然,幼儿在认知、思维等方面的局限性,让他们并不能像专业演员一样进行无脚本戏剧表演,但是教师作为幼儿在戏剧教学中最强大的支持力量,完全可以将戏剧情景、情节与角色进行精心设计,帮助幼儿完成即兴表演。

由此,该模式的实施方法是,教师口述故事,幼儿以哑剧即兴表演的方式来呈现故事情节,涉及幼儿的认知能力、语言理解力、艺术感受力、自我表达能力、自我决定能力等。

> 二、即兴表演戏剧模式的实施流程

在该模式的戏剧教学活动中,幼儿享有更大权利的自由,教师则应有更少的预设。所有的教学设计与教师指导部分均体现在本教学模式的前半部分,一旦进入即兴表演部分,幼儿与教师则各司其职,即教师负责口述故事,幼儿负责在情境下感情饱满地进行即兴表演,表达自我。因此,该戏剧模式也可以称为教师与幼儿的"表演共同体"。

---

① 刘嘉新.挪用促动新生——对电影中加入戏剧舞台表演的设想[J].河北科技师范学报,2006(1):95-97,116.

② 董建,马俊山.戏剧艺术十五讲[M].北京:北京大学出版社,2016:23.

同时,该模式可以与前两种戏剧教学模式混合使用,也可以单独作为教学模式使用。分为热身游戏、与表演主题相关的问题导入、表演练习、即兴表演、讨论与反思等环节。以"彩虹色的花"戏剧教学的 2 节活动为例,上述五个步骤的实施流程见表 7-4。

表 7-4　"彩虹色的花"戏剧活动流程

教学模式流程	干预实施的主要内容	教师角色
热身游戏	百变的花	引导游戏
与表演主题相关的问题导入	讨论花朵的盛开	●引导讨论 ●合作表演 ●观众
	讨论花瓣的落下	
	讨论用肢体表演花朵从盛开到凋零过程中的关键动作	
表演练习	观看视频、照片中花朵盛开的过程	●合作表演 ●观众
	讨论花朵在盛开和凋零后的情绪情感	
	讨论如何加入丰富的情感来表达花朵从盛开到凋零过程	
即兴表演	●在音乐中,教师口述彩虹色花的故事 ●幼儿即兴表演	●教师口述 ●观众
讨论与反思	与幼儿讨论表演中动作与情感表达的经验	引导讨论

本次"彩虹色的花"戏剧活动中,教师希望通过幼儿在即兴表演中,用肢体展现花朵从盛开到凋零的成长历程,并能够结合故事情节的发展,感受花朵从盛开到凋谢这一历程中所隐含的情绪、情感变化。同时,在两部分练习的基础上,幼儿能将肢体表现与情感表现充分融合,在老师的口述引导下,进行肢体艺术表现。

(一)热身游戏

在每一次主题戏剧活动开始之前,教师均需要精心设计与该主题相关的戏剧游戏。戏剧游戏可以帮助幼儿提前了解本次活动的相关要素,从而做好进入戏剧表演的准备。尤其是在即兴表演戏剧模式中,由于每一个教学步骤均需要幼儿发挥想象进行大量的即兴表演,戏剧游戏在帮助幼儿肢体热身、激发思维敏捷、链接先验知识等方面的作用更加突出。

在本次"彩虹色的花"戏剧活动中,主题聚焦一朵花的成长历程。因此,在热身游戏中教师自编戏剧游戏"百变的花",通过游戏激发幼儿对花的形态的丰富想象,并能够通过肢体表现出姿态万千、充满创意感的花朵。

幼儿在热身游戏中对花朵姿态的创意性表现,将直接决定在后续教学活动中,幼儿通过肢体与情感来表演花朵时,不仅仅是"双手托腮,再加一个微笑"式的统一花朵形态,而可以塑造出具有幼儿丰富想象力特点的、天马行空的花朵。在该环节,教师可以引导幼儿采用肢体、表情,与他人合作等表现不同颜色、不同阶段、不同形态、不同大小的花朵。

具体玩法为:所有幼儿围成一个圆圈,教师发出指令"微笑的花""只有一片花瓣的花""正在晒太阳的花"……教师可以对这些指令进行自由创编。教师指令的多样性,实际上为幼儿后续表演不同形态的花时,提供了丰富的素材和想法来源。

(二)与表演主题相关的问题导入

如何保障幼儿在后续没有教师干预的第四部分"即兴表演"中可以顺利地完成?其关键在于在该阶段,教师是否对即兴表演所需要的相关知识和技能与幼儿进行了充分的讨论,是否让幼儿了解了接下来可能出现的知识"盲点"。因此该环节是保证即兴表演部分顺利进行的第一个关键阶段。

在"彩虹色的花"戏剧活动中,由于即兴表演部分需要幼儿能够根据故事的发展即兴表演出花朵从盛开到凋谢的过程,这一过程涉及诸多的身体细节。例如,盛开时的灿烂、迎风招摇时的舒展、雨点落下后花朵的形态改变等。这些内容,均需要幼儿与教师共同讨论进行分析,以便掌握肢体动作要点。

在本次活动的真实教学中,幼儿共总结出花朵可能在生长的过程中遇到"盛开的鲜艳""被小蚂蚁挠痒痒""下雨了好冷""开心笑着的花朵""花瓣没了,难过的花朵""花瓣没有,会疼的花朵""一朵花瓣也没有的花朵"等问题。在该讨论环节,通常幼儿的想象是极为丰富的,教师需要根据后续的口述故事走向,对相关主题进行筛选。教师筛选出主题后要对相关动作进行分析,将每一个主题的标志性、关键性动作一一进行说明或示范。

(三)表演练习

前一阶段的重点在于,通过讨论让幼儿具有接下来要做的表演的知识性准备。进入表演练习阶段后教师需要引导幼儿对前一阶段讨论和示范的动作要点进行练习和巩固。

在本次戏剧活动中,教师希望幼儿能够将肢体表现与情感表现充分融合在表演中,因此,在对上一阶段的动作进行练习后,继续引出下一个关键点——感受花朵盛开与凋谢这一历程中所隐含的情绪情感变化。

在该阶段,教师逐渐将故事线展示在幼儿面前,即"一朵迎风摇曳的灿烂花朵(开心)—把花瓣一片一片地送给需要的小动物(自豪—失落—有点难过)—动物们的回忆(温暖)—春天重生(开心)"的过程。每一阶段的发展,教师均需要对幼儿进行表情的训练和指导。

(四)即兴表演

该环节将正式进入教师与幼儿"表演共同体"阶段。教师在该阶段的教学要点如下:

第一,伴随音乐,缓缓地、生动地进行故事讲述。

第二,及时关注幼儿的动作发展与故事情节的配合情况,根据幼儿的表演状况,及时调整相关内容。

第三,及时对需要支持的幼儿(尤其是特殊幼儿),进行一定的语言或肢体的适当辅助。例如,当特殊幼儿跟不上进度时,教师可放慢相关故事情节推进的速度,或者以更为容易的语言再进行一次陈述等。

第四,教师可以在故事讲述过程中扮演其中的一个角色,可以边口述故事边"入戏"。例如,在小蚂蚁向彩虹色的花借花瓣的情节中,教师可以入戏扮演小蚂蚁,与表演花朵的幼儿进行互动。

第五,教师需要对故事非常熟悉,并对表演中的重点内容放慢语速、改变语调、加重语气、重复讲述等,对幼儿进行提醒和指导。

本环节中的故事情节如下:

> 春天来了,这是一片白茫茫的还有积雪的田野。在地下厚厚的泥土中,有一颗小种子,被冻得瑟瑟发抖。但是谁也想不到的是,才过了一个星期,这颗小种子竟然冒出了一个小绿芽,绿芽慢慢长大冲破了泥土和小石子,终于冒出了大地。她好开心,迎着暖暖的太阳,她眨眨眼睛,抖抖叶子,开心地笑着;她跟旁边的池塘打招呼,她跟路过的小鹿说再见,她叫醒旁边荷叶下的小青蛙……她太爱这里了。哦,原来,这个世界这么漂亮啊,我太开心了!咦,说话间好像小绿芽又长大了一点。就这样一天一天,这颗小绿芽逐渐开出了一朵彩虹色的花。
>
> 小花朵好小啊,她摇摇晃晃地与太阳伯伯打招呼,太阳照得她暖洋洋的,她满心欢喜,想要跟其他同伴分享她的快乐,但是这么大的田野,好像只有她一朵彩虹花,突然觉得有点孤单。但是这也打不倒坚强的彩虹花,她每天还是迎着暖暖的太阳,眨眨眼睛,抖抖叶子,开心地笑着;她跟旁边的池塘打招呼,她跟路过的小鹿说再见,她叫醒旁边荷叶下的小青蛙……她太爱这里了。

有一天，终于她要迎来一群小伙伴了。彩虹花热情地说，早安，我是彩虹色的花。你是谁呀？小蚂蚁说，我是蚂蚁。我现在要去奶奶家。可是，雪融化了，原野中间有一个很大的水洼。我怎么才能过去呢？彩虹花说，是这样啊，那你爬上来，摘一片花瓣试试看，说不定能用得上呢。于是，小蚂蚁顺利通过了，彩虹花看到远去的小蚂蚁，好开心，好自豪，她用花瓣帮助了需要的小动物。于是她整理一下花瓣，扬扬头，正了正身体，开心地笑着。

又过了几天，一个舒服的晴天，来了一只小蜥蜴。小蜥蜴告诉她，没有衣服去参加宴会。彩虹花又一次摘下来一瓣红色的花送给小蜥蜴。小蜥蜴开心地去参加宴会了。彩虹花看着蜥蜴的背影，好开心，好自豪。于是她整理一下花瓣，扬扬头，正了正身体，摸了摸自己的小花瓣，开心地笑着。

又过了几天，一个舒服的晴天，来了一只小老鼠。小老鼠说，夏天好热啊，她要中暑了。彩虹花又摘下一片花瓣送给了小老鼠做扇子。小老鼠开心地走了。彩虹花看着小老鼠的背影，好开心，好自豪。于是她整理一下花瓣，扬扬头，正了正身体，摸了摸自己的小花瓣，抖抖身上的露水，还是开心地笑着。但是不知道，为什么，她突然有点失落了。

原来，秋天快到了。这时，飞来了一只小鸟。小鸟告诉她，没有礼物送给过生日的女儿，她很难过。彩虹花看了看自己仅有的两瓣花瓣，毫不犹豫地摘下一朵，送给了小鸟。彩虹花看着小鸟的背影，好开心，好自豪。于是她整理一下花瓣，扬扬头，正了正身体，摸了摸自己的小花瓣，抖抖身上的露水，摸一摸仅有的最后一片花瓣，有点难过了。

突然，天空越来越暗，传来阵阵雷声。大风把最后一片花瓣也刮走了。太阳隐去了自己的光芒，彩虹色的花也折断了，但她仍然静静地站在那儿。雪花仿佛要拥抱彩虹色的花，轻轻地，轻轻地飘落下来……

很快大雪覆盖了所有的东西，一片白茫茫的。谁会想到，在这里曾经开过一朵彩虹色的花呢！就在这个时候……从雪中升起一道耀眼的彩虹色的光芒，把天空照亮了。蚂蚁、蜥蜴、老鼠、小鸟都从远处跑了过来。他们看着光芒，心里渐渐温暖起来。大家都想起来了彩虹色的花曾经给过自己的帮助。你们猜彩虹花现在在哪里呢？彩虹花一定也听到了动物们的想念感觉到心里暖暖的，她甜甜地笑了起来，就像天上的太阳一样灿烂、温暖。

漫长的冬天终于过去了，春天又来了。一天早晨，太阳探出头来，他吃了一惊，很高兴地说，早安，彩虹色的花。又见到你了！看，那棵彩虹花跟小朋友们开心地招手呢。

（注：该故事来源于明天出版社《彩虹色的花》，作者为麦克·格雷涅茨，彭君翻译。在戏剧活动中对原故事进行了适当改编。）

（五）讨论与反思

故事在音乐的情绪情感中缓缓流动。其中乐于助人的彩虹色的花一定会打动深入表演中的孩子们！在该环节结束之时，此时无声胜有声！教师无须再强调彩虹色的花的乐于助人与奉献的精神，也无须对幼儿的即兴表演进行点评。在温暖的音乐中，教师引导幼儿分享自己投入表演时的真实感受即可。

> **三、即兴表演戏剧模式的实践案例**

中班教育戏剧活动：影子

【设计思路】

影子是幼儿在日常生活中常见的一种现象。在阳光下，影子与幼儿"形影不离"。在科学领域有趣的影子教学中，教师引导幼儿来到幼儿园的空地上，观察影子的趣味形态，孩子们对不同的影子极为感兴趣，并相互模仿同伴的影子状态。模仿本就是戏剧表演中重要的组成部分。但是如何展现影子与幼儿互动的趣味性呢？在该问题下，中班教师组织了该节活动课程。

【学生情况】

本班共有22名普通幼儿、2名特殊幼儿（1名发育迟缓，1名自闭症）。

【教学目标】

（1）探索身体在空间中移动的可能性。

（2）根据诗歌的内容，发展创意的表现。

【教具准备】

铃鼓、童诗《影子》、影子形态的相关图片。

【教学过程】

一、热身游戏：跟踪游戏

伴随铃鼓引导幼儿在活动室内进行自由走动。幼儿在走动时，需要"偷偷跟踪"一个同伴，并模仿他/她的所有动作。铃鼓结束后，教师随机询问幼儿"你觉得你被谁跟踪了"，最后询问该被点名的幼儿"你是否跟踪了他"。可进行多次循环，每次教师询问数量可根据现场情况而定。

二、与表演主题相关的问题

1.引入影子主题

教师引导幼儿思考,在日常生活中,什么会一直"跟踪"我们? 若幼儿具有科学领域学习的经验,自然会想出影子的答案。

2.分享对影子的观察与发现

教师提问,在户外游戏场时,有没有发现影子跟着我们在做什么? 引导幼儿自由讨论影子的形态,并及时进行记录和筛选与后续故事情节相联系的内容。例如"我跑,影子也会跑""影子也会跟我一样哈哈笑"等。

三、表演练习

(1)引导幼儿练习在上一阶段筛选出的"跑""跳"及"哈哈笑"等即兴表演动作。

(2)在上一步骤的基础上,引导幼儿思考,影子一在后面,怎么办? 要怎么甩掉影子?

(3)练习"摔跤""甩掉影子"与"躲避影子"等即兴表演动作。

(4)邀请学生一同念唱童诗《影子》,也可搭配节奏乐器,进一步熟悉童诗内容。

四、即兴表演

两两一组,一人当主人,背对影子,一人当影子,在主人后面,并搭配童诗,主人配合节奏做动作,影子跟着主人做动作。

影子

太阳出来了

地上留下了

电线杆的影子　它长长　细细　直直的

电线上还有

小燕子的影子　它一会噗噗翅膀　一会挠挠痒痒　一会昂头唱首歌

可是他们都是黑乎乎的

小动物们想炫耀一番

自己彩色的外衣

红色的瓢虫　神奇登场　有力的翅膀噗噗地响

绿色的螳螂　威武报道　坚硬的大刀把害虫吓光

还有黄鹂鸟,紫蝴蝶

他们一个接一个登台

可看到的仍是黑乎乎的影子

全身五彩的花孔雀

抖了抖羽毛

最后一个亮相

可是一瞧见自己的影子

也灰溜溜地

躲进了家

（儿童诗来源：学写儿童诗，教学中对原诗进行了适当改编。）

五、讨论与反思

教师引导幼儿讨论为什么影子总是灰色的，可以让科学领域的影子知识得到巩固。

【教学延伸】

绘画角：为影子添色彩。

（资料来源：福建省厦门市新阳幼儿园　李洁诗）